모국어가
공부의
열쇠다

모공열

기초

이 책을 만든 사람들

지은이
정도상 서울대 언어학 박사

도움을 주신 분들
양미자 경기도교육청 장학관
이인순 판교초 교장 선생님
김민서 숙명여대
임유빈 숙명여대

모국어가 공부의 열쇠다
기초

초판 1쇄 발행 2016년 3월 21일
초판 6쇄 발행 2022년 4월 11일

펴낸이 정도상
펴낸곳 ㈜언어과학
디자인 김현진
삽화 오재우·손혜주
영업 장원철·김종수
홈페이지 www.mogong10.com
주소 경기도 안양시 동안구 흥안대로 427번길 38 성지스타위드 1302호
전화 031-345-6450
팩스 031-345-6455
출판등록 2003년 12월 2일 제320-2003-69호
인쇄처 한영문화사

ISBN 978-89-92420-21-1
ISBN 978-89-92420-16-7 (세트)

창의적 사고력을 키우는 책

아이가 미래에 공부를 잘해서 성공하려면 논리적, 분석적, 창의적 사고력이 있어야 한다는 말을 참 많이 들었다. 그런데 어떻게 이러한 사고력을 키워야 할지 방법을 몰랐다. 그래서 아이가 독서를 많이 할 수 있는 환경을 조성해 주었다. 그렇지만 아이가 초등학교 2년 동안 많은 책을 읽었지만 그러한 사고력을 길렀다는 생각이 들지 않는다. 이 책을 보면서 어떻게 학습을 해야 아이의 사고력을 키워야 할지 그 해답을 찾게 되었다. 대립 개념 중심의 모국어 교육! 이것이 해답이었다.

– 백문초 3학년 이우제 엄마

대립을 통한 모국어 능력과 사고력 향상

아이가 초등학교 저학년 때에는 다양하고 즐거운 체험을 통해 정보를 습득하는 방식이 바람직하다고 생각했고, 마침 아이가 다니던 혁신초등학교의 교육 방식이 이러한 바람을 충족시켜 주었다. 그러나 아이가 4학년에 올라가면서, 어떻게 하면 아이가 학습에 흥미를 잃게 하지 않으면서도 장기적으로는 아이의 사고력을 키워줄 수 있을 것인지에 대한 고민이 생겨났다.

많은 사람들이 국어와 독서 습관에 답이 있다고는 하지만, 그저 막연히 책을 많이 읽는 것이 아이의 분석적인 사고를 키우는 데 도움이 될 것 같지는 않았다. 한자 학습지를 시켜봐도 아이는 금방 흥미를 잃었다. 마침 이 책이 나의 그러한 고민을 해결해 주었다. 한자를 달달 외우기보다는, 꼭 알아야 하는 한자어와 그의 대립 어휘들, 각각의 단어들이 왜 그렇게 쓰이는지에 대한 자세한 설명을 보며, 국어 능력뿐 아니라 생각하는 능력도 함께 쑥쑥 자라나리라 믿어 의심치 않는다. 이 책이 우리나라 학생들의 국어 및 사고력 신장에 도움이 되길 기대하며, 또한 우리 아이가 스스로 흥미를 가지고 학습하기를 기대해 본다.

– 중앙대 부속초 4학년 이승원 엄마

나는 왜 이 책을 썼을까?

대학 졸업을 앞두고 있는 아이를 키우면서 늘 아쉬웠던 것이 있었습니다. 초등학교 시절부터 모국어 어휘 교육과 글쓰기 교육을 하지 않았다는 점입니다. 사실 어린 시절에는 한자 교육이 필요도 없고, 한자를 배울 수 없다고 판단했습니다. 초등학생이 일상생활에서 사용하는 다음과 같은 낱말의 한자를 익히는 것은 거의 불가능해 보였습니다. 나 스스로도 아래의 한자를 쉽게 쓸 수 없었기 때문입니다.

교실(教室) 학교(學校) 학용품(學用品) 동화(童話) 동물(動物) 식물(植物) 운동장(運動場) 체육(體育) 음악(音樂) 미술(美術) 수학(數學) 국어(國語) 학습(學習) 희생(犧牲) 체험(體驗) 활동(活動) 겸손(謙遜) 계속(繼續) 과목(科目) 안경(眼鏡) 숙제(宿題)

초등학교 시절에 어휘 교육을 소홀히 한 결과는 고등학교에 가서 나타나기 시작했습니다. 국어 학습은 물론 국사, 사회, 수학, 심지어 영어 학습에서도 빈약한 어휘 지식으로 어려움을 겪었습니다. 결국 고등학교 1학년 말에 영어 단어를 암기하듯이 어려운 한국어 단어를 암기하는 방법을 택했습니다.

과도기(過渡期) 무문토기(無文土器) 표의문자(表意文字) 두괄식(頭括式) 청렴(淸廉) 전성기(全盛期) 승낙(承諾) 연속함수(連續函數) 부식(腐蝕) 직관(直觀) 체득(體得)

고등학교에서의 한국어 어휘 암기로 수학능력시험까지는 큰 문제가 없었습니다. 그런데 대입논술시험에서 글쓰기라는 새로운 문제에 직면했지요. 한 달 이상의 글쓰기 훈련을 거쳐서 겨우겨우 시험을 통과하기는 했지만 어린 시절의 모국어 교육이 얼마나 중요한가를 뼈저리게 경험했던 아픈 기억입니다.

다시 아이의 모국어 교육을 한다면?

초등학생 아이에게 다시 모국어 교육을 시킨다면 〈모국어가 공부의 열쇠다〉의 방법을 택할 것입니다. 아이에게 다시 모국어 교육을 시킨다고 해도 여전히 한자를 가르칠 생각이 들지 않습니다. 복잡한 한자를 스무 번씩 쓰면서 글자를 익히라고 하지 않을 것입니다. 그렇다고 일이(一二), 상하(上下), 부모(父母), 대소(大小), 자기(自己)처럼 간단한 한자부터 가르칠 생각도 없습니다. 몇 개의 간단한 한자에 대한 지식이 한국어 어휘 능력 향상에 미치는 영향은 제한적이기 때문입니다.

〈모국어가 공부의 열쇠다〉가 지향하고 있는 방법은 한자가 아니라 한자어의 교육입니다. 아이들이 사용하는 언어에는 매우 복잡한 한자들이 포함되어 있습니다. 모국어 교육의 핵심은 한자를 쓰지 못해도 아이들이 동화(童話)와 동물(動物)이 한자에서 만들어졌고, 두 낱말의 같은 소리에 서로 다른 한자가 쓰였음을 아는 것입니다. 한자를 열 번씩 쓰는 것보다 중요한 것은 우리말의 한자어에 대한 지식입니다.

우리는 일반적으로 모국어는 학습하지 않아도 자연스럽게 모든 것을 습득하는 것으로 알고 있습니다. 그렇지만 유아들은 모국어를 습득하기 위해서 엄청난 집중을 합니다. 왜냐하면 하나하나의 단어를 익히기 위해서는 매우 복잡한 논리적 추론이 필요하기 때문이지요. 3세의 아이들이 '나무'의 의미를 정확하게 파악하는 일은 쉽지 않습니다. 주변 사람들이 소나무, 밤나무, 참나무, 작은 나무, 큰 나무라고 하는 말을 들으면서 나무가 가진 본질적인 의미를 스스로 파악해 내야 하기 때문입니다. 아이들은 이렇게 한 단어씩 소리와 의미를 연결하는 매우 복잡한 사고 과정을 거쳐서 어휘를 습득합니다. 이미 알고 있는 모국어의 단어를 대체하는 외국어 학습 과정과 근본적으로 다릅니다.

초등학생, 중학생의 모국어 학습에는 아이들이 처음으로 모국어를 습득할 때와 같은 정도의 집중력이 필요하지 않습니다. 그렇지만 한자어가 많은 한국어의 특수성으로 인해 학생들이 엄청난 고통을 겪을 수 있습니다. 그것은 바로 아이들이 앞에서 제시했던 복잡한 한자를 쓰려고 욕심을 부릴 때입니다. 우리는 한자와 한자어를 명확하게 구별해서 아이들의 모국어 교육을 해야 합니다. 초등학생, 중학생이 학습해야 할 것은 한자가 아니라 한자어입니다.

모국어가 공부의 열쇠일까?

〈모국어가 공부의 열쇠다〉는 대립 개념 중심의 학습을 지향하고 있습니다. 대립 한자를 출발점으로 우리말에서 대립하는 한자어를 학습합니다. 한자에 대한 지식을 최대한 활용하기 위함입니다. 또한 같은 소리 다른 한자를 동시에 학습함으로써 한자어를 제대로 파악할 수 있는 능력을 기를 수 있도록 책을 구성했습니다. 대립 중심의 어휘 학습은 논리적 사고력을 향상시킬 수 있는 가장 적합한 학습 방식입니다. 대립 어휘의 공통점과 차이점을 찾아내고, 소리는 같지만 의미가 다른 어휘를 구별하는 분석적 사고력도 키울 수 있습니다.

〈모국어가 공부의 열쇠다〉의 최종적인 목표는 창의적 사고력과 이에 기반한 논리적인 글쓰기 능력의 향상입니다. 이 궁극적인 목표에 도달하기 위해서는 모국어의 어휘 기반이 탄탄해야 합니다. 또한 그 어휘들이 체계적, 논리적으로 짜임새를 가지고 뇌에 저장되어 있어야 창의적인 글쓰기가 가능합니다. 글로벌 시대에도 모국어 중심의 창의적 사고를 하는 사람이 리더가 될 수 있습니다. 우리 아이들의 모국어는 한국어입니다.

고맙습니다.

2016년 3월 **정도상** 올림

창의적 인재를 키우는
〈모국어가 공부의 열쇠다〉

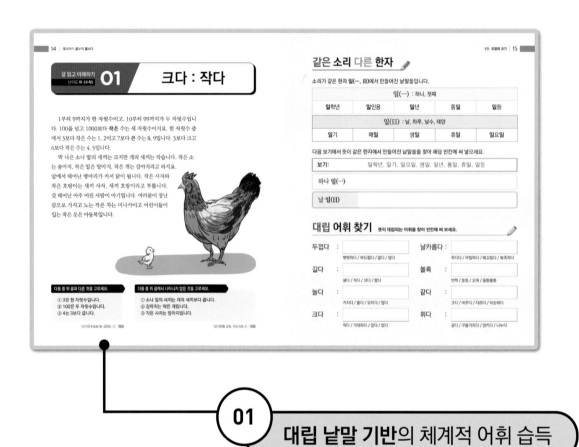

01

대립 낱말 기반의 체계적 어휘 습득

둘씩 대립하는 낱말 짝을 함께 학습합니다.

대립 낱말 학습으로 논리적 사고력을 키웁니다.

가늘다	굵다	소득	지출
두껍다	얇다	수입	수출
길다	짧다	지폐	동전
늘다	줄다	생산	소비
크다	작다	절약	낭비

02 한자가 아니라 **한자어 학습**

초등 저학년 학생에게 한자 학습은 불필요합니다.

한자를 공부하지 말고 한자어에 들어 있는 한자의 개념을 알면 됩니다.

복잡한 한자를 반복해서 쓰지 않고도 모국어 어휘력을 획기적으로 향상시킬 수 있습니다.

일(一) 하나, 첫째				
일학년	일인용	일생	통일	일등
일(日) 날, 하루, 날수, 태양				
일기	매일	생일	휴일	일요일

화(火) 불, 열, 화재				
화재	화상	화산	화요일	화력
화(花) 꽃				
화단	국화	매화	화분	무궁화

03 다양한 교과를 통합한 글 읽고 이해하기

수학, 사회, 과학, 지리, 예술, 체육 등의 다양한 주제의 글을 읽어야 통합적 사고를 합니다.

〈글 읽고 이해하기〉는 긍정과 부정, 자음과 모음, 주제와 소재, 수력과 화력, 재활용품과 폐기물, 박자와 음정, 구와 원, 수직선과 수평선 등 모든 교과의 다양한 주제를 포함하고 있습니다. 다양한 교과에서 뽑은 통합된 주제의 글을 읽으면서 학습을 하게 됩니다.

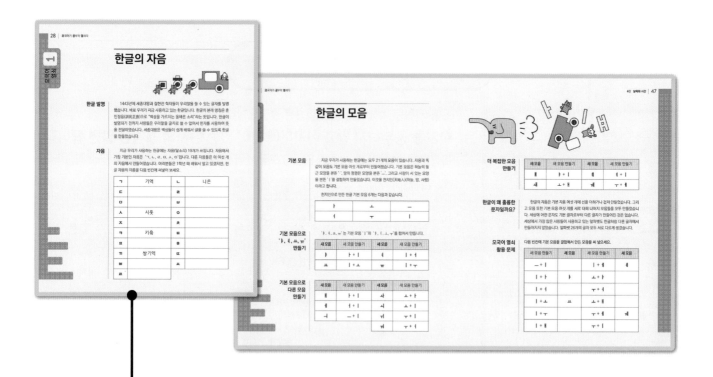

우리말과 글에 대한 근본 이해

**우리말과 글을 근본적으로 이해할 수 있도록 모국어 열쇠를 구성했습니다.
처음부터 제대로 시작해야 모국어 능력이 향상됩니다.**

학습에서는 처음에 어떻게 시작하느냐가 중요합니다. 한글이 만들어진 근본 원리,
입말과 글말의 차이, 모국어의 재미있는 어휘, 겹받침 사용 이유 등에 대한 기본 이해부터
학습을 해야 합니다. 모국어 열쇠에서 이 내용을 파악할 수 있습니다.

05

학습의 선순환 실현과 학습 낙오자 방지

**모국어 능력이 부족하면 학습 선순환 구조를 실현할 수 없습니다.
모국어 능력을 키우면 학습 낙오자가 되지 않습니다.**

성장 과정에서 일시적으로 학습에 흥미를 잃을 때도 있습니다. 성장 과정에서 예술, 체육,
특기 활동을 하면서 학습을 게을리 할 수도 있습니다. 다른 활동에 몰입해도 모국어 능력은
꾸준히 키워 나가야 합니다. 모국어 능력이 있으면 언제든지 학습을 다시 시작할 수 있습니다.

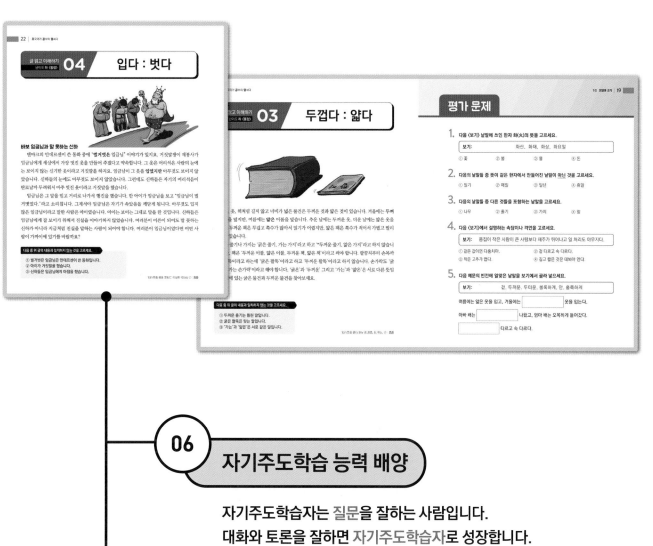

06 자기주도학습 능력 배양

**자기주도학습자는 질문을 잘하는 사람입니다.
대화와 토론을 잘하면 자기주도학습자로 성장합니다.**

질문과 대화는 학습의 근본입니다. 〈글 읽고 이해하기〉에는 다양한 대화 소재와 질문 거리가 포함되어 있습니다. 친구, 엄마와 아빠, 선생님과 대화하고 토론하는 습관을 기르면서 재미있게 학습을 합니다.

07 모국어 능력이 글로벌 인재의 조건

**인간은 언어를 통해서 사고합니다.
가장 한국적인 것이 가장 세계적인 것입니다.
모국어 능력이 글로벌 인재의 조건입니다.**

모국어 능력이 없으면 글로벌 인재가 될 수 없습니다. 글로벌 인재를 키워 내는 핀란드, 스웨덴, 이스라엘 교육에서는 저학년에서 모국어 능력 배양에 초점을 두고 교육합니다.

목 차

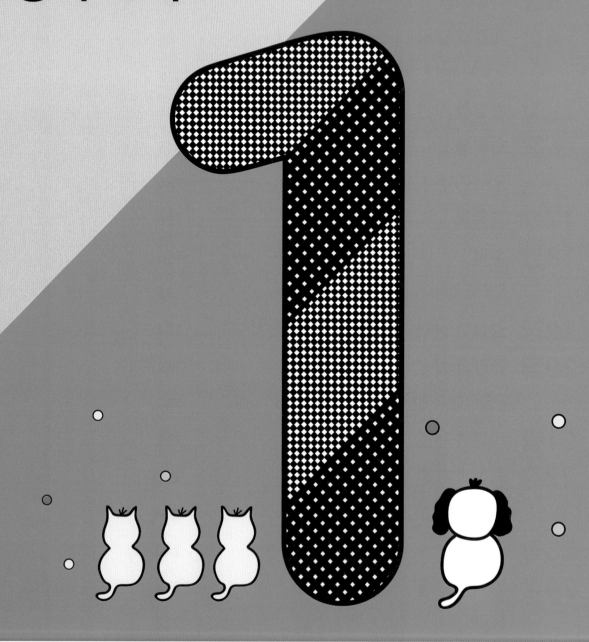

가늘다	굵다	날카롭다	무디다
두껍다	얇다	볼록	오목
길다	짧다	같다	다르다
늘다	줄다	휘다	곧다
크다	작다	둥글다	납작하다

한 문장으로 배우는 낱말 뜻

나무의 가지는 **가늘고** 줄기는 **굵다**.

여름에는 **얇은** 옷, 겨울에는 **두꺼운** 옷을 입는다.

토끼는 뒷다리가 **길고** 앞다리가 **짧다**.

집에 간 친구들이 **늘어서** 놀이터에 사람이 **줄었다**.

작은 실수가 **큰** 사고의 원인이 되었다.

무뎌진 칼날을 **날카롭게** 만들기 위해서 칼을 갈았다.

아빠 배는 **볼록**하게 나왔고, 엄마 배는 **오목**하게 들어갔다.

같은 재료로 음식을 만들어도 솜씨에 따라 맛이 **다르다**.

휜 다리보다 **곧은** 다리가 보기에 더 좋다.

얼굴이 **둥글고** 코가 **납작한** 한 사내가 다가왔다.

글 읽고 이해하기
난이도 하 〈수학〉
01
크다 : 작다

1부터 9까지가 한 자릿수이고, 10부터 99까지가 두 자릿수입니다. 100을 넘고 1000보다 **작은** 수는 세 자릿수이지요. 한 자릿수 중에서 3보다 작은 수는 1, 2이고 7보다 **큰** 수는 8, 9입니다. 3보다 크고 6보다 작은 수는 4, 5입니다.

막 낳은 소나 말의 새끼는 크지만 개의 새끼는 작습니다. 작은 소는 송아지, 작은 말은 망아지, 작은 개는 강아지라고 하지요. 알에서 태어난 병아리가 커서 닭이 됩니다. 작은 사자와 작은 호랑이는 새끼 사자, 새끼 호랑이라고 부릅니다. 갓 태어난 아주 어린 사람이 아기입니다. 여러분이 장난감으로 가지고 노는 작은 차는 미니카이고 어린이들이 입는 작은 옷은 아동복입니다.

다음 중 위 글의 내용과 일치하지 <u>않는</u> 것을 고르세요.

① 3은 한 자릿수입니다.
② 100은 두 자릿수입니다.
③ 4는 3보다 큽니다.

같은 소리 다른 한자

소리가 같은 한자 **일(一, 日)**에서 만들어진 낱말들입니다.

일(一) : 하나, 첫째				
일학년	**일인용**	**일생**	**통일**	**일등**

일(日) : 날, 하루, 날수, 태양				
일기	**매일**	**생일**	**휴일**	**일요일**

다음 보기에서 뜻이 같은 한자에서 만들어진 낱말들을 찾아 해당 빈칸에 써넣으세요.

보기:	일학년, 일기, 일요일, 생일, 일생, 통일, 휴일, 일등

하나 일(一)	
날 일(日)	

대립 어휘 찾기 뜻이 대립되는 어휘를 찾아 빈칸에 써 보세요.

두껍다 : [   ]
빳빳하다 / 부드럽다 / 얇다 / 덥다

날카롭다 : [   ]
무디다 / 까칠하다 / 매끄럽다 / 뾰족하다

길다 : [   ]
굵다 / 작다 / 크다 / 짧다

볼록 : [   ]
반짝 / 뚱뚱 / 오목 / 울퉁불퉁

늘다 : [   ]
커지다 / 줄다 / 모이다 / 많다

같다 : [   ]
크다 / 바꾸다 / 다르다 / 비슷하다

크다 : [   ]
작다 / 거대하다 / 많다 / 없다

휘다 : [   ]
곧다 / 구불거리다 / 엉키다 / 나누다

글 읽고 이해하기
난이도 하 〈통합〉
02

굵다 : 가늘다

산에 있는 나무에는 뿌리, 줄기, 가지 그리고 잎이 있습니다. 나무의 줄기는 굵고 가지는 가늘지요. 나무 뿌리는 땅 속에 묻혀 있고, 줄기는 **굵어서** 바람이 불어도 흔들리지 않습니다. 그렇지만 나뭇가지는 **가늘어서** 바람이 불면 흔들립니다. 나뭇잎도 가지에 매달려 있어서 바람이 불면 흔들리고 아주 센 바람이 불면 가지에서 떨어지게 됩니다. 물론 나뭇잎은 가을이 되면 모두 떨어지게 되는데 이것이 낙엽입니다.

털옷을 짜는 뜨개바늘은 굵지만 옷을 꿰매는 바늘은 가늘지요. 노인들은 가까운 것을 잘 볼 수 없어서 가는 바늘에 실을 꿰기가 쉽지 않습니다. 바늘귀에 실을 꿰는 일은 여러분이 어른들보다 잘합니다. 여러분 주변에서 굵은 것과 가는 것을 찾아서 그 특징을 비교해 보세요.

다음 중 위 글의 내용과 일치하지 않는 것을 고르세요.

① 뜨개바늘은 옷을 꿰매는 보통 바늘보다 가늡니다.
② 노인들은 바늘에 실을 꿰기가 쉽지 않습니다.
③ 바늘에 실을 꿰는 일은 가까운 것을 잘 보는 사람이 더 잘합니다.

정답 : ① 뜨개바늘은 옷을 꿰매는 바늘보다 굵다. 털옷은 굵게 떠야 따뜻하기 때문이다.

같은 소리 다른 한자

소리가 같은 한자 **화(火, 花)**에서 만들어진 낱말들입니다.

화(火) : 불, 열, 화재				
화재	화상	화산	화요일	화력
화(花) : 꽃				
화단	국화	매화	화분	무궁화

다음 보기에서 뜻이 같은 한자에서 만들어진 낱말들을 찾아 해당 빈칸에 써넣으세요.

보기:	매화, 화재, 무궁화, 화산, 국화, 화요일, 화분, 화력

불 화(火)	

꽃 화(花)	

다음 대립 낱말이 들어가는 문장을 써 보세요.

크다 작다	

두껍다 얇다	

같다 다르다	

글 읽고 이해하기
난이도 하 〈통합〉

03 두껍다 : 얇다

　이불, 옷, 책처럼 길지 않고 너비가 넓은 물건은 두꺼운 것과 얇은 것이 있습니다. 겨울에는 **두꺼운** 이불을 덮지만, 여름에는 **얇은** 이불을 덮습니다. 추운 날에는 두꺼운 옷, 더운 날에는 얇은 옷을 입지요. 두꺼운 책은 무겁고 쪽수가 많아서 읽기가 어렵지만, 얇은 책은 쪽수가 적어서 가볍고 빨리 읽을 수 있습니다.

　나무 줄기나 가지는 '굵은 줄기, 가는 가지'라고 하고 "*두꺼운 줄기, 얇은 가지"라고 하지 않습니다. 이불, 책은 '두꺼운 이불, 얇은 이불, 두꺼운 책, 얇은 책'이라고 써야 합니다. 팔꿈치부터 손목까지를 팔뚝이라고 하는데 '굵은 팔뚝'이라고 하고 '두꺼운 팔뚝'이라고 하지 않습니다. 손가락도 '굵은 또는 가는 손가락'이라고 해야 합니다. '굵은'과 '두꺼운' 그리고 '가는'과 '얇은'은 서로 다른 뜻입니다. 집에 있는 굵은 물건과 두꺼운 물건을 찾아보세요.

다음 중 위 글의 내용과 일치하지 <u>않는</u> 것을 고르세요.

① 두꺼운 줄기는 틀린 말입니다.
② 굵은 팔뚝은 맞는 말입니다.
③ '가는'과 '얇은'은 서로 같은 말입니다.

정답 : ③ '가는', 과 '얇은'은 서로 다른 뜻의 말입니다.

평가 문제

1.
다음 〈보기〉 낱말에 쓰인 한자 화(火)의 뜻을 고르세요.

> **보기:** 화산, 화재, 화상, 화요일

① 꽃   ② 불   ③ 물   ④ 돈

2.
다음의 낱말들 중 뜻이 같은 한자에서 만들어진 낱말이 <u>아닌</u> 것을 고르세요.

① 일기   ② 매일   ③ 일생   ④ 휴일

3.
다음의 낱말들 중 다른 것들을 포함하는 낱말을 고르세요.

① 나무   ② 줄기   ③ 가지   ④ 잎

4.
다음 〈보기〉에서 설명하는 속담이나 격언을 고르세요.

> **보기:** 몸집이 작은 사람이 큰 사람보다 재주가 뛰어나고 일 처리도 야무지다.

① 같은 값이면 다홍치마.   ② 겉 다르고 속 다르다.
③ 작은 고추가 맵다.   ④ 길고 짧은 것은 대봐야 안다.

5.
다음 예문의 빈칸에 알맞은 낱말을 보기에서 골라 넣으세요.

> **보기:** 겉, 두꺼운, 두터운, 볼록하게, 안, 홀쭉하게

여름에는 얇은 옷을 입고, 겨울에는 [   ] 옷을 입는다.

아빠 배는 [   ] 나왔고, 엄마 배는 오목하게 들어갔다.

[   ] 다르고 속 다르다.

2장

기본 행동

자다	깨다
가다	오다
삼키다	뱉다
주다	받다
입다	벗다

밀다	당기다
구부리다	펴다
눕다	일어나다
앉다	서다
걷다	뛰다

한 문장으로 배우는 낱말 뜻

밤이 되면 잠을 **자고**, 아침에 해가 뜨면 잠에서 **깬다**.

아침에 일어나서 학교에 **가고**, 끝나면 집에 **온다**.

"달면 **삼키고** 쓰면 **뱉는다**"는 자기만 생각하는 사람에게 쓰는 말이다.

사람은 남에게 **주는** 만큼 결국 그 대가를 **받는다**.

아침에 외투를 **입고** 나갔는데 오후에 날씨가 더워져서 **벗었다**.

그 둘은 서로 **밀고 당기며** 옥신각신 싸웠다.

체조 시간에 등을 **구부렸다 펴기**를 반복했다.

누워서 책을 보면 눈이 나빠지니 **일어나서** 책을 보아야 한다.

모든 사람이 애국가가 나오자 **일어섰고** 끝나자 의자에 **앉았다**.

천천히 **걷다가** 신호등이 켜지자 **뛰어갔다**.

글 읽고 이해하기 04
난이도 하 〈통합〉

입다 : 벗다

바보 임금님과 말 못하는 신하

덴마크의 안데르센이 쓴 동화 중에 **"벌거벗은** 임금님" 이야기가 있지요. 거짓말쟁이 재봉사가 임금님에게 세상에서 가장 멋진 옷을 만들어 주겠다고 약속합니다. 그 옷은 어리석은 사람의 눈에는 보이지 않는 신기한 옷이라고 거짓말을 하지요. 임금님이 그 옷을 **입었지만** 아무것도 보이지 않았습니다. 신하들의 눈에도 아무것도 보이지 않았습니다. 그런데도 신하들은 자기의 어리석음이 탄로날까 두려워서 아주 멋진 옷이라고 거짓말을 했습니다.

임금님은 그 말을 믿고 거리로 나가서 행진을 했습니다. 한 아이가 임금님을 보고 "임금님이 벌거벗었다."라고 소리칩니다. 그제서야 임금님은 자기가 속았음을 깨닫게 됩니다. 아무것도 입지 않은 임금님이라고 말한 사람은 아이였습니다. 아이는 보이는 그대로 말을 한 것입니다. 신하들은 임금님에게 잘 보이기 위해서 진실을 이야기하지 않았습니다. 여러분이 어른이 되어도 말 못하는 신하가 아니라 지금처럼 진실을 말하는 사람이 되어야 합니다. 여러분이 임금님이었다면 어떤 사람이 가까이에 있기를 바랄까요?

다음 중 위 글의 내용과 일치하지 않는 것을 고르세요.

① 벌거벗은 임금님은 안데르센이 쓴 동화입니다.
② 아이가 거짓말을 했습니다.
③ 신하들은 임금님에게 아첨을 했습니다.

정답 : ② 아이는 보이는 그대로 말을 했습니다.

같은 소리 다른 한자

소리가 같은 한자 **구(口, 球)**에서 만들어진 낱말들입니다.

구(口) : 입, 사람, 드나드는 곳				
인구	구호	입구	식구	항구

구(球) : 공, 둥글다				
축구	지구	야구	농구	탁구

다음 보기에서 뜻이 같은 한자에서 만들어진 낱말들을 찾아 해당 빈칸에 써넣으세요.

보기: 축구, 인구, 입구, 지구, 농구, 식구, 탁구, 항구

입 구(口)	

공 구(球)	

대립 어휘 찾기 뜻이 대립되는 어휘를 찾아 빈칸에 써 보세요.

자다 : [　　　　　]
살다 / 먹다 / 쉬다 / 깨다

밀다 : [　　　　　]
두다 / 숨기다 / 밟다 / 당기다

가다 : [　　　　　]
오다 / 걷다 / 눕다 / 때리다

구부리다 : [　　　　　]
펴다 / 늘리다 / 돌리다 / 찌르다

먹다 : [　　　　　]
보다 / 뱉다 / 듣다 / 만지다

눕다 : [　　　　　]
돌다 / 일어나다 / 구르다 / 날다

주다 : [　　　　　]
건네다 / 던지다 / 받다 / 버리다

앉다 : [　　　　　]
서다 / 웃다 / 차다 / 치다

입다 : [　　　　　]
울다 / 벗다 / 신다 / 빼다

걷다 : [　　　　　]
운동하다 / 매달리다 / 뛰다 / 그리다

걷다 : 뛰다

시골의 한 초등학교에서 운동회가 열렸습니다. 학생들이 청군과 백군으로 나뉘어 모래주머니로 박 터뜨리기와 공으로 사람을 맞히는 피구를 즐겁게 했습니다. 엄마와 아빠도 참여해서 선생님과 함께 달리기도 했지요.

초등학교 운동회에서는 달리기 경기를 합니다. 모든 학생이 일등을 하려고 열심히 뛰지요. 달리기에서 일등, 이등, 삼등을 한 사람은 크레파스, 연필, 공책을 상품으로 받습니다. 몇 년 전 어느 학교 운동회에서 다른 학생들이 온 힘을 다해서 **뛰고** 있을 때 두 명의 학생이 **걷고** 있었습니다. 그 두 명의 학생은 뛰지 못하는 장애인 친구의 손을 잡고 걷고 있었지요. 두 학생은 다리가 불편해서 뛰지 못하는 장애인 친구와 함께 끝까지 걸어서 경기를 마쳤습니다. 일등을 해서 상품을 받으려 하지 않고 친구를 배려한 것입니다. 걷고 있는 세 친구에게 운동회에 참여한 모든 사람들이 박수를 보냈습니다. 친구는 함께 살아가는 동반자입니다. 나와 너 그리고 우리가 더불어 살아가는 아름다운 세상을 만들어 가야 합니다.

위 글에서 하고 싶은 말은 무엇일까요?

① 친구를 배려해야 합니다.
② 달리기에서 이기기 위해 열심히 뛰는 것이 중요합니다.
③ 초등학교에서 운동회를 합니다.

같은 소리 다른 한자

소리가 같은 한자 **사(四, 事)**에서 만들어진 낱말들입니다.

사(四) : 넷, 네 번째, 숫자 4				
사계절	**사**각형	**사**촌	**사**월	**사**대문

사(事) : 일, 작업, 사건				
사실	**사**건	**사**업	행**사**	인**사**

다음 보기에서 뜻이 같은 한자에서 만들어진 낱말들을 찾아 해당 빈칸에 써넣으세요.

보기:	사건, 사업, 사계절, 사각형, 행사, 사촌, 사월, 인사

넷 사(四)	

일 사(事)	

다음 대립 낱말이 들어가는 문장을 써 보세요.

자다 깨다	

주다 받다	

가다 오다	

주다 : 받다

주는 만큼 받으면서 살아가는 세상

여러분은 살면서 다른 사람들과 무엇을 주고받나요? 학교나 사회에서 사람들은 서로 많은 것을 **주고받으면서** 살아갑니다. 아침에 만나면 서로 인사를 주고받지요. 친구들과 농담을 주고받으면서 신나게 웃음을 터뜨리는 일도 있어요. 때로는 서로 싸우면서 주먹을 주고받는 일도 있습니다. 또 서로 좋아하는 사람들은 사랑을 주고받지요.

서로 얼굴을 마주보면서 말을 주고받는 것이 대화입니다. 대화는 상대방과 서로 의견을 주고받으면서 서로를 이해하는 일입니다. 얼굴을 마주보지 않고도 편지, 메일, 문자로 상대방과 소식을 주고받을 수 있습니다. 인간은 다른 사람과 함께 살아가는 동물입니다. 그래서 인간은 사회적 동물이라고 하지요. 사람은 항상 다른 사람과 말, 물건, 의견, 지식을 주고받으면서 생활합니다. 우리말에 "받은 만큼 돌려 준다"라는 속담이 있습니다. 친구 생일날 선물을 주면 여러분 생일날 그 친구도 선물을 주겠지요. 여러분이 다른 사람에게 많이 베풀면 베풀수록 다른 사람에게 그만큼을 받을 수 있습니다. 여러분이 다른 사람에게 정신적, 물질적으로 베푼 경험이 있나요?

다음 중 위 글의 내용과 일치하지 않는 것을 고르세요.

① 인간은 사회적 동물입니다.
② 많이 베풀수록 받을 수 있습니다.
③ 친한 친구에게는 생일 선물을 줘야 합니다.

정답 : ③ 친한 친구에게 꼭 생일 선물을 줘야 하는 것은 아닙니다.

평가 문제

1. 다음의 낱말들 중 다른 것들을 포함하는 낱말을 고르세요.

① 크레파스   ② 연필   ③ 공책   ④ 학용품

2. 다음 〈보기〉에서 설명하는 속담이나 관용구를 고르세요.

> 보기: '상대가 자기에게 말을 좋게 해야 자기도 상대에게 좋게 한다'는 뜻으로 말은 항상 점잖게 해야 한다는 속담.

① 되로 주고 말로 받는다.   ② 오는 말이 고와야 가는 말이 곱다.

③ 아 다르고 어 다르다.   ④ 귀가 얇다.

3. 다음 〈보기〉 낱말에 쓰인 한자 구(口)의 뜻을 고르세요.

> 보기: 인구, 입구, 식구, 구호, 항구

① 사람   ② 가족   ③ 입   ④ 눈

4. 다음의 낱말들 중 뜻이 같은 한자에서 만들어진 낱말이 <u>아닌</u> 것을 고르세요.

① 인사   ② 행사   ③ 사건   ④ 사각형

5. 다음 예문의 빈칸에 알맞은 낱말을 보기에서 골라 넣으세요.

> 보기: 걸으면서, 깬다, 민다, 받는다, 세수한다, 일어나서

누워서 책을 보면 눈이 나빠지니 [   ] 책을 보아야 한다.

밤이 되면 잠을 자고, 아침에 해가 뜨면 [   ].

되로 주고 말로 [   ].

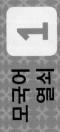

한글의 자음

한글 발명 1443년에 세종대왕과 집현전 학자들이 우리말을 쓸 수 있는 글자를 발명했습니다. 바로 우리가 지금 사용하고 있는 한글입니다. 한글의 본래 명칭은 훈민정음(訓民正音)으로 "백성을 가르치는 올바른 소리"라는 뜻입니다. 한글이 발명되기 전까지 사람들은 우리말을 글자로 쓸 수 없어서 한자를 사용하여 뜻을 전달하였습니다. 세종대왕은 백성들이 쉽게 배워서 글을 쓸 수 있도록 한글을 만들었습니다.

자음 지금 우리가 사용하는 한글에는 자음(닿소리) 19개가 쓰입니다. 자음에서 가장 기본인 자음은 'ㄱ, ㄴ, ㄹ, ㅁ, ㅅ, ㅇ'입니다. 다른 자음들은 이 여섯 개의 자음에서 만들어졌습니다. 여러분들은 1학년 때 배워서 알고 있겠지만, 한글 자음의 이름을 다음 빈칸에 써넣어 보세요.

ㄱ	기역	ㄴ	니은
ㄷ		ㄹ	
ㅁ		ㅂ	
ㅅ	시옷	ㅇ	
ㅈ		ㅊ	
ㅋ	키읔	ㅌ	
ㅍ		ㅎ	
ㄲ	쌍기역	ㄸ	
ㅃ		ㅆ	
ㅉ			

기본 자음에서 다른 자음을 만드는 방법

한글은 기본 자음에 하나의 선을 더하거나 겹쳐 다른 자음을 만듭니다. 이것이 바로 한글을 과학적인 글자라고 하는 중요한 이유입니다.

다음 표는 한글의 기본 자음에서 다른 자음들이 만들어진 과정을 표로 그린 것입니다. 기본 자음 기역(ㄱ)에서 선을 하나 더하면(가획) 키읔(ㅋ)이 되고, 기역(ㄱ)을 겹쳐서 쓰면(병서) 쌍기역(ㄲ)이 됩니다. 'ㄱ/ㅋ/ㄲ'은 입안의 같은 자리에서 소리가 만들어집니다. X는 해당 자음이 없음을 표시합니다.

기본 자음	선 더하기(가획)	선 더하기(가획)	겹쳐 쓰기(병서)
ㄱ			
ㄴ		ㅌ	
ㄹ			
ㅁ		ㅍ	
ㅅ			ㅆ, ㅉ
ㅇ			

세계가 인정한 훈민정음의 가치

한글의 자음은 기본 자음으로부터 만들어져 그 생김새가 서로 비슷한 것이 많기 때문에 쉽게 배울 수 있습니다. 세상에 이렇게 만들어진 문자는 한글밖에 없습니다. 국제연합교육과학문화기구(유네스코)는 인류가 보호해야 할 귀중한 가치가 있는 문화재를 세계 유산, 기록 유산, 무형 유산 세 가지로 구분해서 등재합니다. 유네스코에서 훈민정음을 1997년에 기록 유산으로 이름을 올렸습니다.

모국어 열쇠 활용 문제

다음 표에 기본 자음에서 선 더하기(가획)와 겹쳐 쓰기(병서)로 만들어진 자음을 써넣어 보세요.

ㄱ		ㅁ	
ㄴ		ㅅ	
ㄹ		ㅇ	

3장
—
동작과 상태

학습할 내용	동작과 상태 관련 대립 어휘	같은 소리 다른 한자

학습할 내용

동작과 상태 관련 대립 어휘

글 읽고 이해하기 07. 위험하다 : 안전하다

글 읽고 이해하기 08. 어렵다 : 쉽다

글 읽고 이해하기 09. 빨리 : 천천히

같은 소리 다른 한자

공(工) : 공부, 공장, 공업, 인공위성, 공작실
공(空) : 공군, 공항, 항공기, 공책, 공기
서(西) : 서양, 서해, 서부, 서풍, 대서양
서(書) : 교과서, 보고서, 독서, 참고서, 문서

쉽다	어렵다	더럽다	깨끗하다
가볍다	무겁다	일찍	늦게
위험하다	안전하다	느슨하다	팽팽하다
빨리	천천히	넓다	좁다
꾸물대다	서두르다	거칠다	곱다

한 문장으로 배우는 낱말 뜻

쉬운 문제와 **어려운** 문제를 골고루 풀어야 수학 실력이 향상된다.

무거운 가방을 메고 소풍을 가지만 발걸음은 **가볍다**.

칼은 **위험한** 물건이라서 **안전하게** 사용하는 방법을 익혀야 한다.

빨리 달리다가 지치는 것보다 **천천히** 뛰는 것이 낫다.

시작할 때 **꾸물대면** 마지막에 **서두를** 수밖에 없다.

걸레는 **더럽다고** 하지만, 걸레로 집안을 **깨끗하게** 청소한다.

영어 공부를 **늦게** 시작해도 **일찍** 시작한 친구보다 잘할 수 있다.

팽팽한 고무줄이 **느슨한** 것보다 잘 끊어진다.

고속도로는 **넓고** 골목길은 **좁다**.

거친 돌도 잘 다듬으면 **고운** 보석이 될 수 있다.

글 읽고 이해하기
난이도 중 〈통합〉
07 / 위험하다 : 안전하다

안전 교육을 받으면 생명을 구할 수 있다.

다치거나 해로운 일이 생길 수 있으면 **위험하고**, 사고가 날 걱정이 없으면 **안전한** 것입니다. 깊은 강물에서 수영을 하면 물에 빠질 위험이 있고, 높은 곳에 올라가면 떨어져서 다칠 위험이 있습니다. 자기 키보다 얕은 물에서 수영을 하면 안전하지요. 평소에 안전 교육을 잘 받으면 위험에 처해도 잘 벗어나게 됩니다.

안전 교육에서는 화재, 지진, 태풍과 같은 자연 재해가 발생했을 때 대피하는 체험을 합니다. 또 안전하게 차 타고 내리기, 안전벨트 매기, 전기와 가스의 올바른 이용 방법 알기 등을 배웁니다. 배가 바닷물에 빠지거나 산에서 갑자기 벼락이 떨어져도, 안전 교육에서 받은 대로 행동하면 생명을 구할 수 있습니다. 여러분은 어떤 안전 교육을 받았나요?

다음 중 위 글의 내용과 일치하지 <u>않는</u> 것을 고르세요.

① 위험한 것은 다치거나 해로운 일이 생길 수 있는 것입니다.
② 평소에 안전 교육을 잘 받아야 합니다.
③ 안전 교육을 아무리 잘 받아도 실전과는 상관이 없습니다.

정답 : ③ 안전 교육을 잘 받으면 위험에 처해도 잘 벗어날 수 있습니다.

같은 소리 다른 한자

소리가 같은 한자 **공(工, 空)**에서 만들어진 낱말들입니다.

공(工) : 솜씨, 기술				
공부	공장	공작실	공업	인공위성
공(空) : 비다, 없다				
항공기	공기	공항	공군	공책

다음 보기에서 뜻이 같은 한자에서 만들어진 낱말들을 찾아 해당 빈칸에 써넣으세요.

보기:	공군, 공부, 공장, 공책, 공업, 공항, 인공위성, 항공기

장인, 기술 **공(工)**	

비다 **공(空)**	

대립 어휘 찾기 뜻이 대립되는 어휘를 찾아 빈칸에 써 보세요.

쉽다 :

풀다 / 공부하다 / 어렵다 / 도전하다

가볍다 :

무겁다 / 들다 / 잡다 / 버리다

위험하다 :

서두르다 / 피하다 / 슬프다 / 안전하다

빨리 :

가끔 / 늘 / 천천히 / 항상

꾸물대다 :

즐겁다 / 서두르다 / 꼼지락거리다 / 놀다

더럽다 :

깨끗하다 / 어지르다 / 묻다 / 즐겁다

일찍 :

종종 / 자주 / 빨리 / 늦게

느슨하다 :

당기다 / 접다 / 팽팽하다 / 꼬다

넓다 :

크다 / 좁다 / 없다 / 평평하다

거칠다 :

곱다 / 뾰족하다 / 만지다 / 굵다

글 읽고 이해하기
난이도 중 〈통합〉
08

어렵다 : 쉽다

'어렵다'의 여러 가지 뜻

어떤 일을 하기가 까다롭지 않거나 힘들지 않으면 **쉬운** 것이고, 까다로워서 힘에 겨우면 **어려운** 것입니다. 시험 문제가 쉬우면 빨리 풀 수 있지만 어려우면 끙끙대면서 오래 풀어야 합니다. 어렸을 때 배우면 쉽지만 나이가 들면 배우기 어려운 것들이 많습니다. 수영, 자전거 타기, 가위질, 젓가락질 등은 어른이 되어서 배우기는 어렵습니다. 어려서 감각으로 익혀야 하기 때문입니다.

'어렵다'라는 말은 '문제 풀기 어렵다, 배우기 어렵다' 뿐만 아니라 '집안이 어렵다, 나라가 어렵다'와 같은 표현에도 쓰입니다. 이 때 쓰인 '어렵다'는 '집이 가난해서 밥 먹고 살기가 힘들다, 나라에 돈과 물건이 많지 않아서 국민들이 생활하기 힘들거나 나라의 경제가 점점 나빠지고 있다'는 뜻입니다. 여러분은 지금 하는 일 중에서 무엇이 가장 어려운가요?

다음 중 위 글의 내용과 일치하지 않는 것을 고르세요.

① 어려운 문제는 오래 풀어야 합니다.
② '집안이 어렵다'라는 말은 잘못된 말입니다.
③ '나라의 경제가 나빠지고 있다'는 '나라가 어렵다'와 같은 말입니다.

정답 : ②, 집안이 어렵다, 라는 말은 가난해서
밥 먹고 살기가 힘들다, 를 표현할 때 쓰입니다.

같은 소리 다른 한자

소리가 같은 한자 **서(西, 書)**에서 만들어진 낱말들입니다.

서(西) : 서쪽				
서양	서해	서부	대서양	서풍

서(書) : 글, 책				
교과서	보고서	독서	참고서	문서

다음 보기에서 뜻이 같은 한자에서 만들어진 낱말들을 찾아 해당 빈칸에 써넣으세요.

보기:	독서, 서양, 서부, 참고서, 교과서, 서해, 보고서, 서풍

서쪽 서(西)	

글 서(書)	

다음 대립 낱말이 들어가는 문장을 써 보세요.

거칠다 곱다	

가볍다 무겁다	

빨리 천천히	

글 읽고 이해하기
난이도 중 〈국어〉 09

빨리 : 천천히

'빨리'와 '일찍'은 다른 뜻이다.

걸리는 시간이 짧으면 '**빨리**'이고 행동이나 동작이 빠르지 않으면 '**천천히**'입니다. '빨리'는 '자동차가 빨리 달린다, 숙제를 빨리 끝냈다, 생각보다 일이 빨리 끝났다'와 같은 문장에서 쓰입니다. 그러나 '자동차가 천천히 달린다.'라고는 쓰지만, '숙제를 천천히 끝냈다, 생각보다 일이 천천히 끝났다.'라고는 쓰지 않습니다. 이런 경우에는 '숙제를 늦게 끝냈다, 생각보다 일이 늦게 끝났다.'라고 써야 합니다.

'일찍'은 '어떤 시간보다 이르게'를 뜻하고, '빨리'는 '걸리는 시간이 짧게'를 뜻하는 말입니다. 그래서 '나는 아침에 일찍 일어났다.'라고 말하지 '나는 아침에 빨리 일어났다.'라고 하지 않습니다. 이때 쓰이는 '일찍'과 대립하는 말은 '늦게'입니다. '나는 아침에 늦게 일어났다.'라고 쓰면 됩니다. '빨리'와 '일찍'이 들어간 문장을 만들어 보세요.

다음 중 위 글의 내용과 일치하지 않는 것을 고르세요.

① 걸리는 시간이 짧으면 빠르다고 말합니다.
② '생각보다 일이 천천히 끝났다.'는 '생각보다 일이 늦게 끝났다.'라고 써야 합니다.
③ '빨리'와 '일찍'은 같은 뜻입니다.

정답 : ③ '일찍'은 '어떤 시간보다 이르게'를 뜻하고, '빨리'는 '걸리는 시간이 짧게'를 뜻하는 말입니다.

평가 문제

1 다음의 낱말들 중 다른 것들을 포함하는 낱말을 고르세요.

① 재해 ② 지진 ③ 태풍 ④ 화재

2. 다음 〈보기〉의 '어렵다'와 가장 비슷한 뜻으로 사용된 문장을 고르세요.

보기:	나라가 어렵다.

① 시험 문제가 너무 어렵다. ② 초등학생이 그 큰 돌을 들기는 어렵다.

③ 부모님 모시기가 어렵다. ④ 그 아이의 집안은 어렵다.

3. 다음 〈보기〉 낱말에 쓰인 한자 공(空)의 뜻을 고르세요.

보기:	공기, 공군, 공항, 공책, 항공기

① 비다 ② 솜씨 ③ 기술 ④ 하늘

4. 다음의 낱말들 중 뜻이 같은 한자에서 만들어진 낱말이 <u>아닌</u> 것을 고르세요.

① 교과서 ② 독서 ③ 참고서 ④ 서양

5. 다음 예문의 빈칸에 알맞은 낱말을 보기에서 골라 넣으세요.

보기:	거친, 급히, 깨끗해, 데워, 안전한, 천천히

걸리는 시간이 짧으면 '빨리'이고 행동이나 동작이 빠르지 않으면 '⬚⬚⬚'이다.

더러워진 물이 정화 시설을 거치면서 ⬚⬚⬚졌다.

암벽은 위험하니 ⬚⬚⬚ 등산로로 가세요.

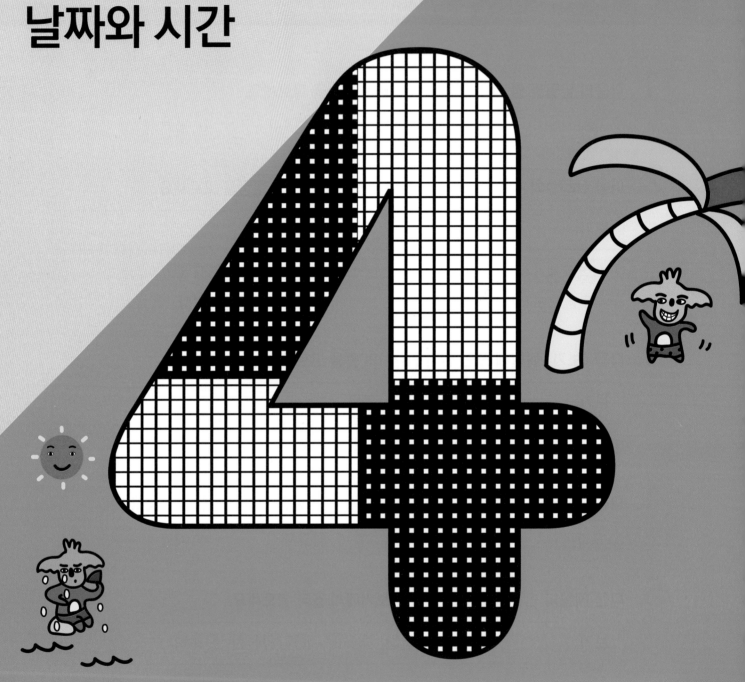

4장

날짜와 시간

같은 소리 다른 한자

금(今) : 금년, 금주, 지금, 금방, 금일

금(金) : 벌금, 저금, 금요일, 요금, 장학금

야(夜) : 야간, 야광, 야경, 야식, 야근

야(野) : 평야, 야채, 야외, 야생화, 야구

그저께	모레		먼저	나중
밤	낮		늘	가끔
대낮	한밤중		이미	아직
옛날	지금		잠깐	오래
아침	저녁		새벽	초저녁

한 문장으로 배우는 낱말 뜻

그저께는 이틀 전이고, **모레**는 내일 다음 날이다.

사람들이 **낮**에는 일을 하고 **밤**에는 잠을 잔다.

대낮에는 태양이 떠 있지만 **한밤중**에는 별이 떠 있다.

옛날보다 **지금** 세계에 사는 사람이 훨씬 더 많다.

아침에 해가 뜨고 **저녁**에 해가 진다.

먼저 숙제를 하고 **나중**에 놀아야 칭찬을 받는다.

늘 일찍 일어나는 사람도 **가끔** 늦잠을 자는 일이 있다.

사람들이 **아직** 오지 않았는데 기차는 **이미** 떠나 버렸다.

오래 앉아 있으면 허리가 아프니 **잠깐잠깐** 운동을 해야 한다.

새벽이 지나면 날이 밝고 **초저녁**이 지나면 어두워진다.

그저께 : 모레

1	2	3	4	5	6	7	8	9
그끄저께	그저께	어제	오늘	내일	모레	글피	그글피	…

그저께 전날과 모레 다음 날은 무엇일까?

우리말에는 시간을 표현하는 말이 매우 많습니다. 오늘보다 하루 전날이 어제이고 하루 다음 날이 내일입니다. 어제보다 하루 전날이 **그저께**이고, 내일 다음 날이 **모레**입니다. 그저께보다 하루 전 날은 그끄저께라고 합니다. 모레의 다음날은 글피, 글피의 다음 날은 그글피입니다. 이것을 순서대로 쓰면 '그끄저께-그저께-어제-오늘-내일-모레-글피-그글피'가 됩니다.

한 가지 더 알아볼까요? 일주일을 표현하는 말입니다. 이번 주보다 앞선 주는 지난 주, 지난 주보다 앞선 주는 지지난 주입니다. 그리고 다음에 오는 일주일은 다음 주라고 합니다. 또한 일 년을 표시하는 말도 '지지난해-지난해-올해-다음 해'로 씁니다. 일 년을 표시하는 말은 '재작년-작년-금년-내년-후년'이라고 써도 됩니다. 지금까지 배운 날짜, 주일, 한 해를 큰 소리로 외쳐 보세요.

다음 중 위 글의 내용과 일치하지 않는 것을 고르세요.

① 우리말에는 시간을 표현하는 말이 매우 많습니다.
② 모레의 다음날은 글피입니다.
③ 이번 주보다 앞선 주는 다음 주라고 합니다.

같은 소리 다른 한자

소리가 같은 한자 **금(今, 金)**에서 만들어진 낱말들입니다.

금(今) : 지금, 이제				
금일	**금**주	**금**년	지**금**	**금**방

금(金) : 쇠, 돈				
장학**금**	벌**금**	저**금**	**금**요일	요**금**

다음 보기에서 뜻이 같은 한자에서 만들어진 낱말들을 찾아 해당 빈칸에 써넣으세요.

보기:	금년, 지금, 금주, 벌금, 저금, 금방, 금요일, 요금

이제 금(今)	

쇠 금(金)	

대립 어휘 찾기 뜻이 대립되는 어휘를 찾아 빈칸에 써 보세요.

그저께 : _____
모레 / 하루 / 오전 / 추억

늘 : _____
가끔 / 매일 / 항상 / 평생

밤 : _____
달 / 별 / 낮 / 어둠

이미 : _____
과거 / 지난 / 아직 / 아까

대낮 : _____
시간 / 지구 / 태양 / 한밤중

잠깐 : _____
오래 / 잠시 / 혹시 / 참

아침 : _____
새벽 / 오전 / 저녁 / 운동

새벽 : _____
식전 / 초저녁 / 아침 / 오전

먼저 : _____
첫째 / 이른 / 순서 / 나중

옛날 : _____
과거 / 지금 / 어제 / 작년

밤 : 낮

모든 동물이 낮에 자고 밤에 활동을 할까?

밤과 낮은 왜 생길까요? 해가 떠서 불을 켜지 않아도 밝은 시간이 **낮**이고, 해가 뜨지 않아 어두운 시간이 **밤**입니다. 태양은 한자리에 머물고 있는데 지구가 하루에 한 바퀴씩 돌고 있습니다. 자기가 살고 있는 곳에서 태양을 볼 수 있을 때가 낮이고, 태양을 볼 수 없을 때는 밤입니다.

사람은 낮에 일하고 밤에는 잠을 잡니다. 그렇지만 사람과 반대로 낮에는 자고 밤에 활동하는 동물들이 있습니다. 밤에 활동하는 성질을 가졌다는 뜻으로 야행성 동물이라고 합니다. 부엉이, 박쥐, 뱀, 들쥐, 올빼미 등이 밤에 활동하는 대표적인 동물입니다. 사자, 호랑이, 표범, 멧돼지처럼 힘이 센 동물도 주로 밤에 먹이를 사냥합니다. 물 속에 살고 있는 오징어와 낙지도 밤에 활동합니다. 오징어와 낙지를 잡으려면 밤에 낚시를 해야겠지요. 여러분은 낮에는 학교도 가고 친구들과 놀기도 하고 밤에는 잠을 잡니다. 병원에서 밤에 환자를 돌보는 간호사는 낮에 자고 밤에 일을 해야겠지요. 여러분과 거꾸로 낮에 자고 밤에 일하는 사람들은 누가 있을까요?

다음 중 위 글의 내용과 일치하지 <u>않는</u> 것을 고르세요.

① 태양은 하루에 한 바퀴씩 돌고 있습니다.
② 야행성 동물은 밤에 활동하는 성질을 가졌습니다.
③ 오징어는 주로 밤에 활동합니다.

정답 : ① 태양은 움직이지 않고 지구가 돌고 있는
것입니다. 지구가 하루에 한 바퀴씩 돌고 있습니다.

같은 소리 다른 한자

소리가 같은 한자 **야(夜, 野)**에서 만들어진 낱말들입니다.

야(夜) : 밤				
야간	야근	야광	야경	야식

야(野) : 들, 들판				
평야	야채	야외	야구	야생화

다음 보기에서 뜻이 같은 한자에서 만들어진 낱말들을 찾아 해당 빈칸에 써넣으세요.

보기:	야간, 평야, 야채, 야외, 야광, 야경, 야생화, 야식

밤 **야(夜)**	

들 **야(野)**	

다음 대립 낱말이 들어가는 문장을 써 보세요.

먼저 나중	

이미 아직	

대낮 한밤중	

글 읽고 이해하기 난이도 중 〈과학〉 **12**

새벽 : 초저녁

샛별은 별일까? 행성일까?

해가 뜨기 바로 전이 **새벽**이고, 해가 지고 나서 어두워졌을 때가 **초저녁**입니다. 보통 닭이 큰 소리로 울어서 새벽을 알려 줍니다. 새벽에 동쪽 하늘에 보이는 밝은 별이 샛별입니다. 샛별은 별이 아니라 지구와 가장 가까운 행성인 금성입니다. 금성은 새벽과 초저녁에만 보이고 한밤중에는 보이지 않습니다. 한밤중에 보이는 밝은 별은 샛별이 아니지요. 별은 태양처럼 스스로 빛을 내는 항성입니다. 샛별은 초저녁에 서쪽 하늘에서도 볼 수 있습니다. 새벽에 보이는 금성을 샛별이라고 하고, 초저녁에 보이는 금성은 개밥바라기라고 합니다. 개가 밥을 기다리는 시간에 뜨는 별이라는 뜻에서 생긴 말입니다.

샛별은 미래에 큰 일을 할 사람을 일컫기도 합니다. 그래서 학교 이름에 샛별 초등학교, 샛별 중학교가 있고, 마을 이름에도 샛별 마을이 있지요. 또, 초등학교마다 '샛별반'도 있지요. 샛별처럼 반짝이는 사람이 되라고 붙인 이름입니다.

다음 중 위 글의 내용과 일치하지 <u>않는</u> 것을 고르세요.

① 샛별은 새벽에 동쪽 하늘에 보이는 밝은 별입니다.
② 별은 태양처럼 스스로 빛을 내는 항성입니다.
③ 샛별은 초저녁에 볼 수 없습니다.

정답: ⓒ 금성은 새벽과 초저녁에 밝게 보이지만 밤에는 볼 수 없습니다.

평가 문제

1. 다음의 시간 표현 낱말들 중 '하루'와 성격이 <u>다른</u> 것을 고르세요.

① 그저께   ② 어제   ③ 내일   ④ 내년

2. 다음 〈보기〉에서 설명하는 관용구를 고르세요.

> 보기: 쉬지 않고 계속 일하다.

① 겉 다르고 속 다르다.   ② 밤낮이 따로 없다.
③ 바늘 가는 데 실 간다.   ④ 손을 놓다.

3. 다음 〈보기〉 낱말에 쓰인 한자 야(夜)의 뜻을 고르세요.

> 보기: 야간, 심야, 야광, 주야, 야경

① 들   ② 범위   ③ 마을   ④ 밤

4. 다음의 낱말들 중 뜻이 같은 한자에서 만들어진 낱말이 <u>아닌</u> 것을 고르세요.

① 금강산   ② 금고   ③ 금요일   ④ 지금

5. 다음 예문의 빈칸에 알맞은 낱말을 보기에서 골라 넣으세요.

> 보기: 그저께, 나중, 새벽, 어제, 이미, 한밤중

　　　　　는 이틀 전이고, 모레는 내일 다음 날이다.

사람들이 아직 오지 않았는데 기차는 　　　　　 떠나 버렸다.

　　　　　이 지나면 날이 밝고 초저녁이 지나면 날이 어두워진다.

한글의 모음

기본 모음

지금 우리가 사용하는 한글에는 모두 21개의 모음이 있습니다. 자음과 똑같이 모음도 기본 모음 여섯 개로부터 만들어졌습니다. 기본 모음은 하늘의 둥근 모양을 본뜬 'ㆍ', 땅의 평평한 모양을 본뜬 'ㅡ', 그리고 사람이 서 있는 모양을 본뜬 'ㅣ'를 결합하여 만들었습니다. 이것을 천지인(天地人)(하늘, 땅, 사람)이라고 합니다.

천지인으로 만든 한글 기본 모음 6개는 다음과 같습니다.

ㅏ	ㅗ	ㅡ
ㅓ	ㅜ	ㅣ

기본 모음으로 'ㅑ, ㅕ, ㅛ, ㅠ' 만들기

'ㅑ, ㅕ, ㅛ, ㅠ'는 기본 모음 'ㅣ'와 'ㅏ, ㅓ, ㅗ, ㅜ'를 합쳐서 만듭니다.

새 모음	새 모음 만들기	새 모음	새 모음 만들기
ㅑ	ㅣ + ㅏ	ㅕ	ㅣ + ㅓ
ㅛ	ㅣ + ㅗ	ㅠ	ㅣ + ㅜ

기본 모음으로 다른 모음 만들기

새 모음	새 모음 만들기	새 모음	새 모음 만들기
ㅐ	ㅏ + ㅣ	ㅘ	ㅗ + ㅏ
ㅔ	ㅓ + ㅣ	ㅚ	ㅗ + ㅣ
ㅢ	ㅡ + ㅣ	ㅝ	ㅜ + ㅣ
		ㅝ	ㅜ + ㅓ

더 복잡한 모음 만들기

새 모음	새 모음 만들기	새 모음	새 모음 만들기
ㅒ	ㅑ + ㅣ	ㅖ	ㅕ + ㅣ
ㅙ	ㅗ + ㅐ	ㅞ	ㅜ + ㅔ

한글이 왜 훌륭한 문자일까요?

한글의 자음은 기본 자음 여섯 개에 선을 더하거나 겹쳐 만들었습니다. 그리고 모음 또한 기본 모음 여섯 개를 서로 더해 나머지 모음들을 모두 만들었습니다. 세상에 어떤 문자도 기본 글자로부터 다른 글자가 만들어진 것은 없습니다. 세상에서 가장 많은 사람들이 사용하고 있는 알파벳도 한글처럼 다른 글자에서 만들어지지 않았습니다. 알파벳 26개의 글자 모두 서로 다르게 생겼습니다.

모국어 열쇠 활용 문제

다음 빈칸에 기본 모음을 결합해서 만든 모음을 써넣으세요.

새 모음 만들기	새 모음	새 모음 만들기	새 모음
ㅡ + ㅣ		ㅣ + ㅔ	ㅖ
ㅣ + ㅏ	ㅑ	ㅗ + ㅏ	
ㅣ + ㅓ		ㅜ + ㅓ	
ㅣ + ㅗ	ㅛ	ㅗ + ㅐ	
ㅣ + ㅜ		ㅜ + ㅔ	ㅞ
ㅣ + ㅐ		ㅜ + ㅣ	

5장

동물과 식물

학습할 내용

동물과 식물 관련 대립 어휘

글 읽고 이해하기 13. 씨앗 : 열매
글 읽고 이해하기 14. 겉 : 속
글 읽고 이해하기 15. 여왕벌 : 일벌

같은 소리 다른 한자

석(石) : 자석, 석유, 석굴암, 석탑, 석탄
석(席) : 좌석, 참석, 출석, 결석, 방석
식(食) : 식당, 급식, 식기, 육식, 식량
식(植) : 식물, 이식, 식민지, 식목일, 식물원

암탉	수탉	새싹	낙엽
줄기	뿌리	씨앗	열매
겉	속	알맹이	껍데기
머리	꼬리	장끼	까투리
여왕벌	일벌	꽃	나비

한 문장으로 배우는 낱말 뜻

암탉이 알을 낳고, **수탉**은 알을 낳지 못하지만 벼슬이 예쁘다.

뿌리는 흙에 묻혀서 보이지 않지만 **줄기**는 볼 수 있다.

호두의 **겉**은 매우 딱딱하지만 **속**은 부드럽다.

동물의 **머리**는 앞쪽에, **꼬리**는 뒤쪽에 있다.

일벌이 꿀을 모으고 **여왕벌**은 일벌을 낳는다.

봄에 **새싹**이었던 잎이 가을이 되면 **낙엽**이 되어 떨어진다.

봄에 **씨앗**을 뿌리면 가을에 **열매**를 맺는다.

호두는 **껍데기**는 버리고 **알맹이**만 먹는다.

수꿩이 **장끼**이고 암꿩이 **까투리**이다.

나비가 이리저리 **꽃**을 찾아 날아다닌다.

글 읽고 이해하기 13
난이도 중 〈통합〉

씨앗 : 열매

씨앗만 뿌리면 열매를 맺을까?

식물은 봄에 싹을 틔워서 가을에 **열매**를 맺습니다. 싹이 나려면 **씨앗**을 심어야 합니다. 농민들은 봄에 참깨, 들깨, 콩, 옥수수 씨앗을 뿌리거나 심지요. 감자는 작은 조각으로 잘라서 땅에 심으면 싹이 나고, 고구마는 자란 싹을 땅에 옮겨 심으면 됩니다. 씨앗을 심었다고 모두 열매를 맺을 수는 없습니다. 기름진 흙에 씨앗을 뿌리고 열심히 물도 주고 가꾸어야 좋은 열매를 맺게 됩니다. 돌밭이나 길에 던져 놓은 씨앗은 새가 주워 먹어 버립니다. 씨앗만 심고 가꾸지 않으면 말라 죽게 되지요.

우리말에 "콩 심은 데 콩 나고, 팥 심은 데 팥 난다."는 말이 있습니다. 뿌린 씨앗대로 열매를 맺는다는 말입니다. 이 말은 노력한 사람에게 그 만한 대가가 돌아간다는 뜻도 있지만, 잘못한 사람은 잘못한 만큼 벌을 받는다는 뜻도 있습니다. 콩을 심고 팥이 나기를 기다리거나 팥을 심고 콩이 나기를 바라지 않아야 합니다. 씨앗은 새로운 일을 시작한다는 뜻도 지니고 있습니다. 여러분은 어떤 씨앗을 뿌리고 있나요? 그리고 그 씨앗이 자라도록 노력하고 있나요?

다음 중 위 글의 내용과 일치하지 않는 것을 고르세요.

① 식물은 가을에 열매를 맺습니다.
② 감자는 작은 조각으로 잘라서 땅에 심으면 싹이 납니다.
③ 새는 씨앗을 먹지 않습니다.

같은 소리 다른 한자

소리가 같은 한자 **석(石, 席)**에서 만들어진 낱말들입니다.

석(石) : 돌				
자석	석유	석굴암	석탑	석탄
석(席) : 자리, 좌석				
좌석	참석	출석	결석	방석

다음 보기에서 뜻이 같은 한자에서 만들어진 낱말들을 찾아 해당 빈칸에 써넣으세요.

보기: 좌석, 참석, 자석, 결석, 석유, 석굴암, 석탑, 출석

돌 석(石)

자리 석(席)

대립 어휘 찾기   뜻이 대립되는 어휘를 찾아 빈칸에 써 보세요.

암탉 :
오리 / 암소 / 여우 / 수탉

줄기 :
뿌리 / 식물 / 사람 / 잎맥

겉 :
껍질 / 모양 / 속 / 틀

머리 :
뇌 / 꼬리 / 머리카락 / 어깨

여왕벌 :
꿀 / 날개 / 일벌 / 곤충

새싹 :
낙엽 / 단풍잎 / 나물 / 토마토

씨앗 :
정자 / 뿌리 / 자손 / 열매

알맹이 :
석류 / 내용 / 껍데기 / 실질

장끼 :
까투리 / 수꿩 / 수소 / 암탉

글 읽고 이해하기
난이도 하 〈통합〉 **14**

겉 : 속

겉과 속은 같은 것보다 다른 것이 더 많다.

물건과 열매에는 겉과 속이 있습니다. 호두와 밤의 **겉**은 딱딱하지만 **속**은 겉처럼 단단하지 않습니다. 이렇게 겉과 속은 서로 다릅니다. 선물을 받았을 때 포장이 크고 화려해도 속에는 보잘것없는 물건이 있을 때도 있습니다. 반대로 겉은 보잘것없지만 속에 아주 소중한 물건이 있을 때도 있습니다. 겉만 보고 속에 들어 있는 것을 판단하지 않아야 합니다. 우리말에 "빛 좋은 개살구"라는 말이 있습니다. 개살구는 살구보다 크기도 크고 빛깔도 곱지만 맛이 아주 시고 떫은 과일입니다. 이 말은 겉은 그럴듯해 보이지만 알고 보면 보잘것없음을 표현합니다.

사람도 겉과 속이 다를 수도 있습니다. 생김새는 아름답지만 속마음이 고약한 사람도 있고, 생김새와 다르게 속마음이 따뜻한 사람도 있습니다. 사람의 마음은 쉽게 알아차릴 수 없습니다. "열 길 물 속은 알아도 한 길 사람 속은 모른다"는 말이 있습니다. 사람의 겉과 속이 다름을 표현하는 말입니다. 물건처럼 사람도 겉만 보고 판단하지 않아야 합니다.

다음 중 위 글의 내용과 일치하지 <u>않는</u> 것을 고르세요.

① 호두의 속은 겉처럼 단단합니다.
② 겉만 보고 판단하지 않아야 합니다.
③ 사람의 마음은 쉽게 알아차릴 수 없습니다.

정답 : ① 호두의 겉은 딱딱하지만 속은 겉처럼 단단하지 않습니다.

같은 소리 다른 한자

소리가 같은 한자 **식(食, 植)**에서 만들어진 낱말들입니다.

식(食) : 밥, 음식, 먹다				
급식	식기	식량	식당	육식

식(植) : 심다, 세우다, 식물				
식물	이식	식민지	식목일	식물원

다음 보기에서 뜻이 같은 한자에서 만들어진 낱말들을 찾아 해당 빈칸에 써넣으세요.

보기:	식당, 식목일, 식민지, 육식, 식물, 급식, 식기, 이식

먹다 **식(食)**	

심다 **식(植)**	

다음 대립 낱말이 들어가는 문장을 써 보세요.

겉 속	

꽃 나비	

줄기 뿌리	

글 읽고 이해하기 15
난이도 중 〈과학〉

여왕벌 : 일벌

여왕벌은 어떻게 탄생할까?

꿀벌은 꿀과 꽃가루를 먹고 살지요. 꿀벌은 하루에 7-14번씩 이 꽃 저 꽃을 돌아다니면서 꿀을 모읍니다. 꿀벌이 4만 번 이상 꽃에서 꿀을 모아야 1킬로그램의 꿀을 만들 수 있습니다. 이처럼 벌은 아주 부지런한 동물입니다. 벌이 꿀을 모으려고 돌아다니기 때문에 식물이 열매를 맺을 수 있습니다.

꿀벌이 사는 곳에는 한 마리 여왕벌과 수많은 일벌이 함께 살지요. **일벌**은 40-60일밖에 살지 못합니다. 그에 비해서 **여왕벌**은 3-5년 동안 살면서 200-300만 개의 알을 낳습니다. 여왕벌은 일벌보다 30배 이상 살면서 엄청나게 많은 알을 낳는 것입니다. 벌은 사람처럼 남자와 여자로 태어나지 않아서 일벌과 여왕벌이 태어날 때는 정해져 있지 않습니다. 벌은 태어나면 2-3일까지 로열젤리를 먹는데 3일 후에도 계속해서 로열젤리를 먹는 벌이 여왕벌이 됩니다. 로열젤리는 일벌이 만드는 영양분이 있는 액체로 사람에게도 아주 좋은 음식입니다. 사람도 어떻게 태어났든 무엇을 먹고 어떻게 학습을 하느냐에 따라 달라질 수 있습니다.

다음 중 위 글의 내용과 일치하지 <u>않는</u> 것을 고르세요.

① 꿀벌은 꿀과 꽃가루를 먹고 삽니다.
② 일벌은 30일 동안 삽니다.
③ 여왕벌은 살면서 200-300만 개의 알을 낳습니다.

평가 문제

1 다음의 곡물 중 잡곡이 <u>아닌</u> 것을 고르세요.

① 쌀　　　　　② 보리　　　　　③ 옥수수　　　　　④ 밀

2. 다음 〈보기〉에서 설명하는 속담이나 격언을 고르세요.

> **보기:**　　겉은 그럴듯해 보이지만 알고 보면 보잘것없음을 표현하는 속담.

① 바늘 가는 데 실 간다.　　　　　② 열 길 물 속은 알아도 한 길 사람 속은 모른다.

③ 콩 심은 데 콩 나고, 팥 심은 데 팥 난다.　　　④ 빛 좋은 개살구.

3. 다음 〈보기〉 낱말에 쓰인 한자 석(石)의 뜻을 고르세요.

> **보기:**　　　　　　　　화석, 석유, 암석, 비석, 운석

① 돌　　　　　② 저녁　　　　　③ 자리　　　　　④ 애석

4. 다음의 낱말들 중 뜻이 같은 한자에서 만들어진 낱말이 <u>아닌</u> 것을 고르세요.

① 급식　　　　　② 식기　　　　　③ 식당　　　　　④ 식목일

5. 다음 예문의 빈칸에 알맞은 낱말을 보기에서 골라 넣으세요.

> **보기:**　　　　　　　껍질, 나비, 뿌리, 알맹이, 여왕벌, 잎

　　　　　　　　　는 흙에 묻혀서 보이지 않지만 줄기는 볼 수 있다.

일벌이 꿀을 모으고 　　　　　　　　　은 일벌을 낳는다.

호두는 껍데기는 버리고 　　　　　　　　　만 먹는다.

6장
—
위치와 방향

중심	주변	가깝다	멀다
높다	낮다	꼭대기	바닥
거실	침실	오르막	내리막
출발	도착	우측	좌측
바깥	안	윗목	아랫목

한 문장으로 배우는 낱말 뜻

도시의 **중심**에 사무실이 있고 **주변** 지역에 주택이 있다.

높은 산에 올라가면 **낮은** 곳이 잘 보인다.

잠자는 방이 **침실**, 활동하고 생활하는 공간이 **거실**이다.

서울에서 9시에 **출발**한 기차가 12시에 부산에 **도착**했다.

겨울에는 **바깥**과 집 **안**의 온도 차이가 커서 감기에 걸리기 쉽다.

먼 친척보다 **가까운** 이웃을 더 자주 만난다.

지붕 **꼭대기**에 달려 있던 고드름이 **바닥**에 떨어져서 부서졌다.

산길에 **오르막**이 있으면 반드시 **내리막**도 있다.

자동차가 한국에서는 **우측**, 일본에서는 **좌측**으로 다닌다.

온돌방에 불을 때도 **아랫목**은 따뜻해지지만 **윗목**은 여전히 차다.

글 읽고 이해하기
난이도 하 〈통합〉 **16**

출발 : 도착

서울에서 부산까지 몇 시간 걸릴까?

여러분은 서울에서 부산까지 고속버스나 자동차를 타고 가 본 적이 있나요? 서울에서 부산까지는 400킬로미터가 넘습니다. 고속버스나 기차로 한 시간에 100킬로미터 속도로 달려도 4시간이 넘게 걸립니다. 하지만 서울역에서 **출발**하는 케이티엑스(KTX)를 타고 부산역에 **도착**하는 데는 약 2시간 40분이 걸립니다. 케이티엑스(KTX)가 고속버스나 자동차보다 훨씬 빠르지요.

우리나라에서 가장 빠른 기차인 케이티엑스는 한 시간에 300킬로미터를 달릴 수 있지만, 달리는 도중 여러 정거장에서 멈추기 때문에 시간이 더 오래 걸리지요. 비행기가 서울에서 출발하여 부산에 도착하는 가장 빠른 방법입니다. 비행기를 이용하면 약 50분이 걸리지요. 여러분이 서울에서 부산까지 갈 때 어떤 방법으로 가고 싶은가요? 그리고 그 이유는 무엇인가요?

다음 중 위 글의 내용과 일치하지 <u>않는</u> 것을 고르세요.

① 서울에서 부산까지 고속버스를 타면 4시간보다 적게 걸립니다.
② 서울에서 부산까지 케이티엑스(KTX)는 약 2시간 40분이 걸립니다.
③ 서울에서 부산까지 가는 방법 중에서 비행기가 가장 빠릅니다.

정답 : ① 서울에서 부산까지 고속버스를 타면
한 시간에 100킬로미터 속도로 달려도
4시간이 넘게 걸립니다.

같은 소리 다른 한자

소리가 같은 한자 **고(古, 高)**에서 만들어진 낱말들입니다.

고(古) : 옛, 낡다				
고대	고적	고전	고물	고철

고(高) : 높다				
최고	고등학교	고급	고속	개마고원

다음 보기에서 뜻이 같은 한자에서 만들어진 낱말들을 찾아 해당 빈칸에 써넣으세요.

보기:	최고, 고등학교, 고대, 고속, 고적, 고전, 고물, 고급

옛 고(古)	

높다 고(高)	

대립 어휘 찾기 뜻이 대립되는 어휘를 찾아 빈칸에 써 보세요.

중심 :
한가운데 / 요점 / 급소 / 주변

가깝다 :
멀다 / 짧다 / 길다 / 높다

높다 :
낮다 / 깊다 / 평범하다 / 길다

꼭대기 :
천장 / 옥상 / 건물 / 바닥

거실 :
집 / 가정 / 침실 / 가족

오르막 :
마지막 / 내리막 / 사막 / 오두막

출발 :
여행 / 도착 / 떠나다 / 배낭

우측 :
좌측 / 추측 / 관측 / 양측

바깥 :
껍질 / 안 / 외형 / 형태

윗목 :
골목 / 발목 / 아랫목 / 주목

글 읽고 이해하기
난이도 하 〈통합〉
17

거실 : 침실

안방과 거실은 무엇이 다를까?

거실은 가족이 모여서 생활하는 곳이고, **침실**은 잠자는 방입니다. 요즘에 지은 아파트와 주택에는 거실과 부엌이 붙어 있습니다. 가족들이 부엌에서 밥을 먹고 거실로 자리를 옮겨서 과일을 먹고 음료 마시기에 편리하도록 하기 위함입니다.

옛날에는 집에 거실과 침실이 따로 있지 않았습니다. 집안 어른이 생활하고 잠자는 방을 안방이라고 했지요. 안방에서 밥도 먹고 잠도 잤습니다. 안방은 집에서 가장 크고 중요한 방이었습니다. 요즘은 거실에서 텔레비전을 봅니다. 그런데 텔레비전을 다른 말로 안방극장이라고 합니다. 영화관처럼 영화와 드라마를 볼 수 있어서 생긴 말입니다. 거실극장이란 말은 사용하지 않습니다. 지금도 가족의 큰 일을 도맡아서 하는 사람을 안방마님이라고 하지요. 여러분 친척 중에서 안방마님 역할을 하는 사람은 누구입니까?

다음 중 위 글의 내용과 일치하지 <u>않는</u> 것을 고르세요.

① 요즘에 지은 집의 거실은 부엌과 따로 떨어져 있습니다.
② 텔레비전은 다른 말로 안방극장이라고 합니다.
③ 가족의 큰 일을 도맡아서 하는 사람을 안방마님이라고 합니다.

정답 : ① 요즘에 지은 집의 거실과 부엌은 붙어 있습니다.

같은 소리 다른 한자

소리가 같은 한자 **문(門, 問)**에서 만들어진 낱말들입니다.

문(門) : 문				
창문	출입문	교문	대문	전문가

문(問) : 묻다, 찾아가다				
문제	의문	방문	질문	학문

다음 보기에서 뜻이 같은 한자에서 만들어진 낱말들을 찾아 해당 빈칸에 써넣으세요.

보기:	대문, 문제, 출입문, 질문, 의문, 창문, 교문, 방문

문 **문(門)**	

묻다 **문(問)**	

다음 대립 낱말이 들어가는 문장을 써 보세요.

중심 주변	

출발 도착	

가깝다 멀다	

글 읽고 이해하기
난이도 중 〈통합〉
18

오르막 : 내리막

오르막이 있으면 내리막도 있다.

　　산에는 비탈길이 있습니다. 낮은 곳에서 높은 곳으로 오르는 비탈길이 **오르막**길이고, 높은 곳에서 낮은 곳으로 내려오는 길이 **내리막**길입니다. 산에 오를 때는 오르막길이 많아서 힘들지만 내려올 때는 내리막길이라서 오를 때보다 시간이 덜 걸립니다. 자전거를 타고 오르막길을 오를 때는 페달을 세게 밟아야 올라갈 수 있지만 내리막길에서는 페달을 구르지 않아도 저절로 내려갈 수 있습니다.

　　사람의 삶에도 오르막과 내리막이 있습니다. 직장에서 높은 자리에 올라가고, 월급도 더 많이 받으면 오르막이고, 높은 자리에서 내려오거나, 더 이상 높은 자리에 올라가지 못하고 제자리에 머문다든가 낮은 자리로 내려오면 내리막이라고 합니다. 산에도 오르막길과 내리막길이 있듯이 삶에도 오르막과 내리막이 있지요. 여러분은 지금 오르막인가요, 내리막인가요?

다음 중 위 글에서 말하고자 하는 것은 무엇일까요?

① 사람의 삶에는 오르막이 있으면 내리막도 있다.
② 산에 오를 때는 오르막길이 많아서 힘이 듭니다.
③ 자전거를 타고 내리막길을 내려올 때는 페달을 구르지 않아도 저절로 내려갈 수 있습니다.

평가 문제

1. 다음의 낱말 중 다른 것을 포함하는 낱말을 고르세요.

① 거실   ② 침실   ③ 욕실   ④ 방

2. 다음 〈보기〉에서 설명하는 낱말을 고르세요.

보기:	사촌 형제나 다를 바 없이 가까운 이웃.

① 이웃사촌   ② 부모형제   ③ 형제자매   ④ 이종사촌

3. 다음 〈보기〉 낱말에 쓰인 한자 문(門)의 뜻을 고르세요.

보기:	교문, 대문, 전문가, 창문, 출입문

① 묻다   ② 듣다   ③ 문   ④ 창

4. 다음의 낱말들 중 뜻이 같은 한자에서 만들어진 낱말이 <u>아닌</u> 것을 고르세요.

① 고대   ② 개마고원   ③ 고전   ④ 고물

5. 다음 예문의 빈칸에 알맞은 낱말을 보기에서 골라 넣으세요.

보기:	사촌, 욕실, 우측, 측면, 친척, 침실

잠자는 방이 [   ] 이고, 활동하고 생활하는 공간이 거실이다.

먼 [   ] 보다 가까운 이웃을 더 자주 만난다.

자동차가 한국에서는 [   ] , 일본에서는 좌측 통행한다.

자음과 모음의 결합

글자 만들기

한글은 자음과 모음이 함께 쓰여 하나의 글자를 만듭니다. 자음이나 모음 하나만으로 글자를 완성하지 못합니다. 자음 'ㄱ'과 모음 'ㅏ'가 합쳐져 '가'가 됩니다. 한글은 하나의 글자가 하나의 소리를 나타내는 소리 문자입니다. 모음 'ㅏ, ㅓ, ㅣ'는 자음 오른쪽에 쓰고, 'ㅗ, ㅜ, ㅡ'는 자음 아래 붙여서 씁니다.

여러 가지 자음과 모음의 결합

하나의 글자에는 반드시 최소한 하나의 자음과 모음이 있어야 합니다. 한 글자에 모음은 하나만 쓰이지만 모음 다음에 하나 또는 두 개의 자음이 올 수 있습니다.

자음 + 모음	ㄱ + ㅏ = **가**
자음 + 모음 + 자음	ㄱ + ㅏ + ㅂ = **갑**
자음 + 모음 + 자음	ㅂ + ㅜ + ㄹ = **불**
자음 + 모음 + 자음 + 자음	ㅎ + ㅡ + ㄹ + ㄱ = **흙**

자음과 모음 바꾸기

첫 자리에 쓰인 자음을 바꾸거나 모음을 바꾸면 서로 다른 낱말이 됩니다. 그리고 마지막에 쓰인 자음을 바꾸어도 다른 낱말이 됩니다.

첫 자음 바꾸기		모음 바꾸기		끝 자음 바꾸기	
ㅂ+ㅜ+ㄹ	**불**	ㅂ+ㅏ+ㄹ	**발**	ㅂ+ㅜ+ㄱ	**북**
ㅍ+ㅜ+ㄹ	**풀**	ㅂ+ㅗ+ㄹ	**볼**	ㅂ+ㅜ+ㅅ	**붓**
ㅃ+ㅜ+ㄹ	**뿔**	ㅂ+ㅓ+ㄹ	**벌**	ㅂ+ㅜ+ㄹ	**불**

소리가 나지 않는 이응

왜 '아, 야, 어, 여'에 'ㅇ'을 써야 할까요? 모음은 하나만 써도 소리를 만들 수 있습니다. 하지만 한글의 모든 글자는 자음과 모음을 결합해서 만듭니다. 모음 'ㅏ, ㅑ, ㅓ, ㅕ, ㅗ, ㅛ, ㅜ, ㅠ'만으로도 각각 하나의 소리가 될 수 있지만, 글자를 쓸 때는 'ㅇ'을 사용하여 '아, 야, 어, 여, 오, 요, 우, 유'로 써야 합니다.

한글이 쉬운 문자인 이유

한글은 쉽게 배워 쓸 수 있도록 만들어진 문자입니다. 한글은 기본 자음과 기본 모음에서 만들어진 40개의 자음과 모음으로 우리말에 쓰이는 11,172자를 모두 쓸 수 있습니다. 중국에서 사용했던 한자는 글자 수가 5만 개가 넘습니다. 중국 사람들은 5만 개의 글자를 배워야 했지요. 그래서 중국에서는 사람들이 자주 사용하는 한자를 쉽게 만들었지만 그렇게 만든 글자 수도 3500개가 넘습니다. 이제 여러분이 배우는 한글이 얼마나 훌륭한 문자인지 알겠지요?

모국어 열쇠 활용 문제

1. 다음 낱말 '말, 국'의 첫 자음과 '개, 새'의 모음을 바꾸어서 새 낱말을 만들어 보세요. 몇 개나 만들 수 있을까요?

말	팔,
국	묵,
개	게,
새	세,

2. 다음에 있는 자음과 모음으로 글자를 만들어 보세요. 얼마나 많은 글자를 만들 수 있을까요?

자음 : ㄱㄴㄹㅁㅂㅅㅇㅈ   모음 : ㅏㅓㅗㅜㅣㅡ

예: 굴, 남, 잠 ….

7장

—

친족 관계

아내	남편
고모	이모
장인	장모
처녀	총각
결혼	이혼

부모	자녀
남매	자매
사위	며느리
손자	손녀
계집	사내

한 문장으로 배우는 낱말 뜻

사랑하는 남자와 여자가 결혼하면 **남편**과 **아내**가 된다.

아빠의 누나와 여동생이 **고모**이고 엄마의 언니와 여동생이 **이모**이다.

아빠는 외할머니와 외할아버지를 **장모**님, **장인** 어른이라고 부른다.

결혼하지 않은 성인 여자가 **처녀**, 남자가 **총각**이다.

결혼을 하면 부부가 되지만 서로 헤어져서 **이혼**하면 남이 된다.

부모는 **자녀**를 위해서 희생하지만 자녀는 그 희생을 잘 알지 못한다.

딸만 있으면 **자매**이고 아들과 딸이 있으면 **남매**라고 한다.

할머니에게 엄마는 **며느리**, 외할머니에게 아빠는 **사위**이다.

남자와 여자 아이는 할아버지와 할머니의 **손자**와 **손녀**이다.

여자를 낮잡아 **계집**이라 하고 남자를 다른 말로 **사내**라고 한다.

글 읽고 이해하기
난이도 중 〈국어〉 **19**

장인 : 장모

장인, 장모와 시아버지, 시어머니는 누구일까?

부모님과 함께 외갓집에 가면 외할아버지와 외할머니가 계십니다. 외할아버지와 외할머니는 엄마의 부모님이지요. 엄마를 낳아서 길러 주신 분입니다. 아빠를 낳아서 길러 주신 분은 (친)할머니, (친)할아버지입니다. 엄마를 키워 주신 외할아버지가 아빠에게 **장인**이고 외할머니가 **장모**입니다. 아빠는 외할아버지를 장인 어른이라고 하고, 외할머니는 장모님이라고 부릅니다.

아빠를 키워 주신 할아버지와 할머니에게 엄마는 며느리입니다. 엄마에게 할아버지는 시아버지, 할머니는 시어머니입니다. 엄마와 아빠를 키워 주신 분은 서로 다르지만 아빠, 엄마에게는 모두 부모님과 같습니다. 여러분은 할아버지와 할머니, 외할아버지와 외할머니 생신이나 제삿날에 꼭 찾아가서 고마워해야 합니다. 엄마, 아빠를 낳아서 길러 주신 고마운 분들입니다.

엄마의 아빠

엄마의 엄마

장인어른
장모님

할아버지
할머니

엄마

아빠

나

다음 중 위 글의 내용과 일치하지 않는 것을 고르세요.

① 외갓집에 외할아버지와 외할머니가 계십니다.
② 아빠를 낳아서 길러 주신 분은 할머니, 할아버지입니다.
③ 외할아버지는 엄마에게 시아버지입니다.

정답 : ③ 외할아버지는 엄마에게 장인이고
외할아버지는 아빠에게 장인어른이 됩니다.

같은 소리 다른 한자

소리가 같은 한자 **자(子, 者)**에서 만들어진 낱말들입니다.

자(子) : 아들, 자식				
남자	여자	자녀	제자	손자

자(者) : 사람				
환자	학자	독자	피해자	기자

다음 보기에서 뜻이 같은 한자에서 만들어진 낱말들을 찾아 해당 빈칸에 써넣으세요.

보기: 자녀, 학자, 독자, 여자, 제자, 손자, 환자, 피해자

아들 자(子)

사람 자(者)

대립 어휘 찾기 뜻이 대립되는 어휘를 찾아 빈칸에 써 보세요.

아내 :
아저씨 / 아들 / 남편 / 어머니

부모 :
아빠 / 삼촌 / 이모 / 자녀

고모 :
이모 / 친척 / 외가 / 친가

남매 :
친구 / 연인 / 자매 / 동급생

장인 :
엄마 / 장모 / 아빠 / 할머니

사위 :
웃어른 / 며느리 / 총각 / 유부남

처녀 :
어린이 / 학생 / 총각 / 대학생

손자 :
손녀 / 삼촌 / 조카 / 사촌동생

결혼 :
이별 / 이혼 / 사별 / 사랑

계집 :
여자 / 노인 / 아이 / 사내

글 읽고 이해하기
난이도 중 〈사회〉
20

남매 : 자매

왜 부모들은 동생 편을 들까?

한 가족에 둘 이상의 아들과 딸이 있으면 **남매**이고, 둘 이상의 딸이 있으면 **자매**라고 합니다. 그리고 아들이 둘 이상이면 형제이지요. 남매, 자매, 형제는 가족이지만 어린 시절에는 서로 다투는 일이 자주 일어납니다. 과자를 하나 더 먹기 위해서 싸우기도 하고, 동생이 형이나 누나의 장난감을 망가뜨려서 싸우기도 하지요. 어린 시절에는 많이 싸우지만 어른이 되면 서로를 아껴 주는 좋은 가족이 됩니다.

여러분은 동생, 형, 누나, 언니와 얼마나 자주 다투나요? 엄마와 아빠는 여러분이 싸우면 동생 편을 들어주는 일이 더 많지요. 잘못은 동생이 했는데도 엄마, 아빠가 동생 편을 들어주면 화가 나기도 하고 억울하겠지만 여러분이 참아야 합니다. 엄마, 아빠뿐 아니라 다른 사람들도 누구나 약한 사람 편을 들어줍니다. 동생이 더 어리고, 힘도 약하다고 생각해서 동생 편을 들어주는 것입니다. 그렇지만 동생은 엄마, 아빠가 자기 편을 들어준다고 떼를 쓰거나 마음대로 하지 않아야 합니다.

다음 중 위 글의 내용과 일치하지 않는 것을 고르세요.

①한 가족에서 아들과 딸이 있으면 형제입니다.
②한 가족에서 둘 이상의 아들만 있으면 형제입니다.
③남매, 자매, 형제는 어린 시절에 많이 싸우지만 어른이 되면 서로를 아껴 주는 좋은 가족이 됩니다.

정답 : ① 한 가족에서 아들과 딸이 있으면 남매입니다.

같은 소리 다른 한자

소리가 같은 한자 **남(南, 男)**에서 만들어진 낱말들입니다.

남(南) : 남쪽				
남쪽	**남**대문	**남**산	**남**극	**남**한

남(男) : 남자				
남성	**남**편	**남**매	장**남**	**남**자

다음 보기에서 뜻이 같은 한자에서 만들어진 낱말들을 찾아 해당 빈칸에 써넣으세요.

보기:	남자, 남극, 남한, 남산, 남편, 남매, 장남, 남대문

남쪽 **남(南)**

남자 **남(男)**

다음 대립 낱말이 들어가는 문장을 써 보세요.

손자 손녀	

부모 자녀	

사위 며느리	

손자 : 손녀

가족들이 모인 자리에서 많은 것을 배웁니다.

할아버지와 할머니에게 남자 아이는 **손자**이고 여자 아이는 **손녀**입니다. 외할아버지와 외할머니는 여러분을 외손자 또는 외손녀라고 부릅니다. 할머니와 할아버지는 아빠, 엄마보다 손자, 손녀인 여러분을 더 귀엽게 여깁니다. 할아버지, 할머니, 외할아버지, 외할머니 생신에 여러분이 가지 않으면 그 분들이 굉장히 섭섭해 합니다. 생신날에는 아빠, 엄마 손을 잡고 꼭 함께 가야겠지요. 케이크에 촛불을 켜고 생일 축하 노래도 큰 소리로 불러드리고, 맛있는 음식도 실컷 먹으면서 즐겨 보세요.

할아버지, 할머니가 돌아가신 날에 제사를 지냅니다. 생신날과 마찬가지로 할 일을 미리 해 놓고 제사에 참여하는 것이 좋습니다. 어른들과 친족이 모인 자리에서 학교에서 배우지 못하는 중요한 것을 많이 배우게 됩니다. 여러분은 누구의 생신과 제사에 참석하나요?

다음 중 위 글의 내용과 일치하지 않는 것을 고르세요.

① 남자 아이는 할아버지, 할머니의 손자이다.
② 여자 아이는 외할머니의 외손녀이다.
③ 제사에는 참석하지 않아도 된다.

정답 : ③ 제사에도 가능하면 참석하여 중요한 것을 배웁니다.

평가 문제

1. **다음의 낱말 중 다른 것을 포함하는 낱말을 고르세요.**

① 외가 ② 외삼촌 ③ 외할머니 ④ 외숙모

2. **다음 〈보기〉에서 설명하는 낱말을 고르세요.**

보기:	(보통 어른에게 쓰는) 태어난 날의 높임말.

① 생일 ② 생신 ③ 탄신 ④ 성탄

3. **다음 〈보기〉 낱말에 쓰인 한자 남(南)의 뜻을 고르세요.**

보기:	남대문, 남산, 남극, 남한, 남풍

① 사내 ② 넘치다 ③ 남쪽 ④ 쪽빛

4. **다음의 낱말들 중 뜻이 같은 한자에서 만들어진 낱말이 <u>아닌</u> 것을 고르세요.**

① 남자 ② 손자 ③ 자녀 ④ 학자

5. **다음 예문의 빈칸에 알맞은 낱말을 보기에서 골라 넣으세요.**

보기:	계집, 빙모, 신랑, 아내, 장인, 처녀

사랑하는 남자와 여자가 결혼하면 남편과 [   ] 가 된다.

아빠는 외할머니와 외할아버지를 장모님, [   ] 어른이라고 부른다.

여자를 낮잡아 [   ] 이라 하고 남자를 다른 말로 사내라 하는데,

사내는 낮잡아 부르는 말이 아니다.

8장

—

신체와 건강

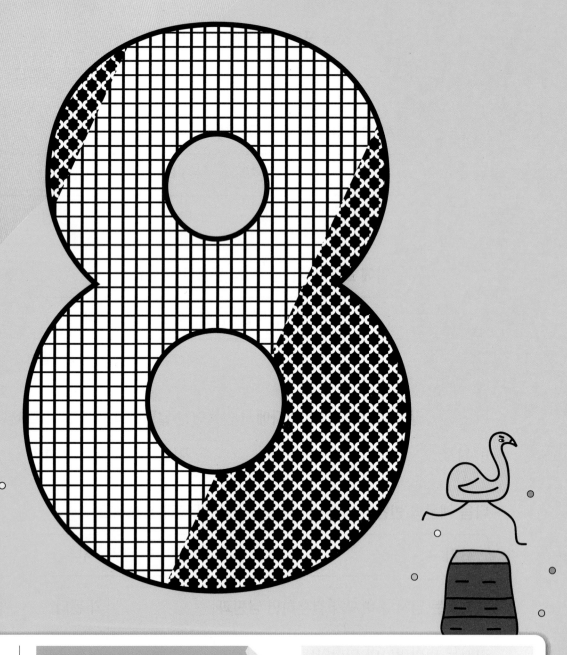

듣다	보다	육체	정신
손	발	들숨	날숨
기억	망각	팔꿈치	무릎
야위다	살찌다	이마	뒤통수
의사	환자	색맹	색약

한 문장으로 배우는 낱말 뜻

사람은 눈으로 **보고** 귀로 **들으면서** 배운다.

사람은 두 **발**로 걷고 두 **손**으로 도구를 사용하는 동물이다.

알고 있는 것을 잊지 않음이 **기억**이고 잊어버림이 **망각**이다.

바싹 말라서 **야윈** 사람은 **살쪄서** 뚱뚱한 사람만큼 건강하지 않다.

병을 고치는 사람이 **의사**이고 몸이 아픈 사람이 **환자**이다.

건강한 **육체**에 건전한 **정신**이 깃든다.

들이마시는 숨이 **들숨**, 내쉬는 숨이 **날숨**이다.

팔꿈치와 **무릎**이 있어서 우리는 팔과 다리를 구부릴 수 있다.

이마가 넓으면 돈을 많이 번다고 하고 **뒤통수**가 튀어 나오면 머리가 좋다고 한다.

색을 구별하지 못하면 **색맹**, 섞여 있는 색을 구별하지 못하면 **색약**이다.

글 읽고 이해하기
난이도 상 〈통합〉 **22**

육체 : 정신

건강한 육체에 건전한 정신이 깃든다.

팔, 다리, 머리, 목, 가슴, 등, 배 같은 사람의 몸이 **육체**이고, 사람의 마음이나 생각이 **정신**입니다. 사람은 손으로 만질 수 있는 육체와 만질 수 없는 정신을 모두 가지고 있습니다. 설거지를 하고, 도로를 만드는 일은 사람의 손과 몸을 주로 사용하기 때문에 육체 노동이고, 과학 실험이나 기술 연구처럼 주로 머리를 써서 하는 일은 정신 노동입니다.

세상에는 육체 노동자와 정신 노동자가 함께 일을 나누어서 하고 있습니다. 육체 노동과 정신 노동은 서로 다른 것이지, 어느 것이 더 낫거나 못한 것이 아닙니다. 농사짓는 농부와 고기 잡는 어부가 없으면 우리는 먹을 것이 없어서 굶어야 합니다. 육체 대신 뇌를 써서 기술 개발과 과학을 발전시키는 일도 필요하지요. 사람은 자기가 잘하는 노동을 하면서 살아갑니다. 여러분은 성장해서 어떤 노동을 하면서 살고 싶은가요?

다음 중 위 글의 내용과 일치하지 않는 것을 고르세요.

① 육체는 사람의 몸이고 정신은 사람의 마음이나 생각입니다.
② 육체는 만질 수 있습니다.
③ 정신 노동이 육체 노동보다 중요합니다.

같은 소리 다른 한자

소리가 같은 한자 **목(目, 木)**에서 만들어진 낱말들입니다.

목(目) : 눈, 눈빛				
목표	목차	목적	제목	과목

목(木) : 나무				
목재	식목일	목공	묘목	목성

다음 보기에서 뜻이 같은 한자에서 만들어진 낱말들을 찾아 해당 빈칸에 써넣으세요.

보기:	목적, 묘목, 목성, 목표, 제목, 과목, 목재, 식목일

눈 목(目)	

나무 목(木)	

대립 어휘 찾기   뜻이 대립되는 어휘를 찾아 빈칸에 써 보세요.

듣다　:　_____
가다 / 오다 / 울다 / 보다

손　　:　_____
발 / 허리 / 발톱 / 엉덩이

기억　:　_____
생각 / 망각 / 상상 / 고민

야위다 :　_____
굵다 / 힘없다 / 살찌다 / 쳐지다

환자　:　_____
병원 / 교사 / 학자 / 의사

육체　:　_____
사람 / 정신 / 얼굴 / 다리

들숨　:　_____
한숨 / 목숨 / 날숨 / 생명

팔꿈치 :　_____
무릎 / 관절 / 주름 / 신체

이마　:　_____
발바닥 / 손가락 / 코 / 뒤통수

색맹　:　_____
색약 / 색상 / 색칠 / 색조

글 읽고 이해하기
난이도 하 〈통합〉 23
듣다 : 보다

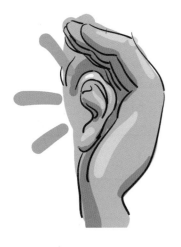

책을 통해서 듣고 볼 수 있다.

　여러분은 눈으로 **보고** 귀로 **들으면서** 새로운 것을 배웁니다. 귀로 들어서 배운 것과 눈으로 보고 배운 것은 무엇이 다를까요? 사람은 듣고 배운 것보다 직접 보고 배운 것을 더 오래 기억합니다. 여러분의 눈으로 직접 보거나 몸으로 해 본 것이 다른 사람에게 듣는 것보다 가치가 있지요.

　인간은 세계의 모든 곳을 찾아갈 수도 없고, 그럴 시간도 없습니다. 시간과 공간을 넘어서 배울 수 있는 방법이 독서입니다. 책에는 다른 사람들이 경험하고 본 내용들이 들어 있습니다. 책을 읽어서 얻는 경험이 간접 경험입니다. 독서는 시간과 돈을 절약하면서 많은 것을 경험할 수 있는 좋은 방법이지요. 여러분이 책을 읽어서 알게 된 것도 여러분의 것입니다. 책에는 모든 것이 들어 있습니다. 몸으로 체험하면서도 배우지만 책을 읽으면서 알게 되는 것도 소중한 체험입니다. 여러분은 어떤 책을 읽고 있나요?

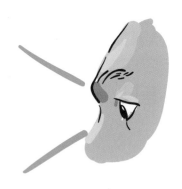

다음 중 위 글의 내용과 일치하지 <u>않는</u> 것을 고르세요.

① 사람은 들어서 배운 것보다 직접 보고 배운 것을 더 오래 기억합니다.
② 시간과 공간을 넘어서 배울 수 있는 방법은 없습니다.
③ 간접 경험은 책을 읽어서 얻는 경험입니다.

같은 소리 다른 한자

소리가 같은 한자 **수(手, 水)**에서 만들어진 낱말들입니다.

수(手) : 손				
수단	수첩	실수	박수	수술

수(水) : 물				
수요일	수영	수도	호수	냉수

다음 보기에서 뜻이 같은 한자에서 만들어진 낱말들을 찾아 해당 빈칸에 써넣으세요.

보기:	수영, 수도, 수단, 수첩, 호수, 냉수, 박수, 수술

손 수(手)	

물 수(水)	

다음 대립 낱말이 들어가는 문장을 써 보세요.

육체 정신	

기억 망각	

의사 환자	

글 읽고 이해하기 24
난이도 하 〈통합〉

손 : 발

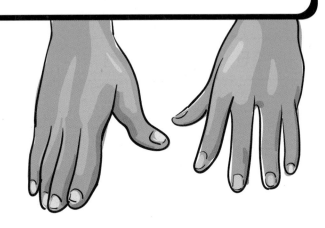

인간만이 손을 사용한다

손은 도구를 이용하는 데에 사용하고, **발**은 다른 곳으로 이동할 때 사용합니다. 인간만이 손을 자유롭게 사용할 수 있는 동물입니다. 이렇게 손과 발은 인간의 활동에서 매우 중요한 부분입니다. 그래서 어떤 사람의 손발을 묶으면 아무것도 할 수 없게 됩니다.

만약 인간에게 손이 없다면 무슨 일이 일어날까요? 손이 없으면 밥을 먹을 수도 없고, 글씨를 쓸 수 없습니다. 또한 가위, 바위, 보 놀이도 할 수 없고, 손뼉을 칠 수도 없겠지요. 만약 인간에게 발이 없다면 무슨 일이 일어날까요? 발이 없으면 걷거나 뛰지 못해서 재미있는 놀이를 할 수 없겠지요. 또한 친구 집에 놀러 갈 수도 없게 됩니다. 동물들은 네 개의 발이 있습니다. 네 발을 이용하기 때문에 사자, 말, 호랑이는 사람보다 훨씬 빨리 달릴 수 있습니다. 사람들은 동물처럼 빨리 달릴 수 없지만 손으로 자전거, 자동차, 비행기를 만들어서 동물보다 더 빨리 다른 곳으로 이동하는 방법을 찾아냈습니다. 이제 여러분의 손으로 할 수 있는 일을 더 찾아보세요.

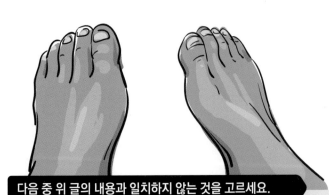

다음 중 위 글의 내용과 일치하지 <u>않는</u> 것을 고르세요.

① 손을 자유롭게 사용할 수 있는 동물은 인간뿐이다.
② 손이 없어도 손뼉을 칠 수 있습니다.
③ 사람은 동물처럼 빨리 달릴 수 없지만 동물보다 더 빨리 다른 곳으로 이동할 수 있습니다.

정답: ② 손이 없으면 손뼉을 칠 수 없습니다.

평가 문제

1. **다음의 낱말들 중 다른 것들을 포함하는 낱말을 고르세요.**

① 팔   ② 다리   ③ 목   ④ 육체

2. **다음 〈보기〉의 말이 뜻하는 바는 무엇인지 고르세요.**

> 보기: 인간은 도구를 사용하는 동물이다.

① 인간만이 손을 자유롭게 사용한다.   ② 동물도 도구를 사용한다.

③ 동물은 손이 없다.   ④ 동물은 발로 도구를 사용한다.

3. **다음 〈보기〉 낱말에 쓰인 한자 목(木)의 뜻을 고르세요.**

> 보기: 목련, 목성, 목재, 묘목, 식목일

① 목욕   ② 화목   ③ 눈   ④ 나무

4. **다음의 낱말들 중 뜻이 같은 한자에서 만들어진 낱말이 <u>아닌</u> 것을 고르세요.**

① 박수   ② 수요일   ③ 수영   ④ 냉수

5. **다음 예문의 빈칸에 알맞은 낱말을 보기에서 골라 넣으세요.**

> 보기: 무릎, 발, 야윈, 여윈, 이마, 정수리

바싹 말라서 ☐☐☐☐☐☐☐ 사람도 살이 쪄서 뚱뚱한 사람처럼 건강하지 않다.

팔꿈치와 ☐☐☐☐☐☐ 이 있어서 우리는 팔과 다리를 구부릴 수 있다.

☐☐☐☐☐☐ 가 넓으면 돈을 많이 번다고 하고 뒤통수가 튀어 나오면 머리가 좋다고 한다.

신체 관련 낱말의 활용

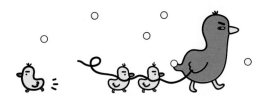

물건이나 물체의 무게에 대해서 '그 가방은 무겁다.' 또는 '솜사탕은 가볍다.'라고 합니다. 그런데 보고 들은 것을 다른 사람에게 함부로 떠벌리지 않는 사람을 우리는 '입이 무거운 사람'이라고 합니다. '입이 무거운 사람'에 쓰인 '무거운'은 무게가 많이 나간다는 뜻이 아니라 '말을 적게 한다'는 뜻입니다. 이처럼 신체를 의미하는 낱말과 함께 쓰여서 상징적인 의미가 되는 표현이 우리말에는 많습니다.

신체 부위 활용 표현

다음 눈, 코, 입, 귀, 가슴, 목, 어깨 등의 우리 신체 부위를 가리키는 낱말이 사용된 문장을 읽고 그 의미를 새겨보세요.

• 그 사람은 **입**이 가벼워서 다른 사람에 대한 이야기를 자주 하고 다닌다.

• 우리 누나는 **눈**이 높아서 남자 친구를 만나지 못했다.

• 차를 타고 가다가 화재가 난 건물에 **눈**이 팔려서 사고가 날 뻔했다.

• 나는 아버지께서 하신 말씀을 **가슴**에 깊이 새기고 있다.

• 늘 우쭐대던 친구가 한 방 맞고 나서 **코**가 납작해졌다.

• 오늘 발표를 잘했다고 선생님께서 **입**에 침이 마르도록 칭찬해 주셨다.

• 그 문제를 풀기 위해 우리 셋은 **머리**를 맞대고 방법을 찾아보았다.

• 엄마에게 공부하라는 말을 **귀**가 따갑도록 들었다.

• 그 힘든 일을 다 하고 나니 **어깨**가 무척 가벼워졌다.

- **눈코** 뜰 새 없이 바빠서 다른 일을 할 시간이 없다.

- 엄마가 생일 선물을 사오신다고 해서 **눈**이 빠지게 기다렸다.

- 해마다 송편을 빚어서 이제 송편 빚는 일이 **손**에 익숙해졌다.

- 시청 앞에 사람들이 많이 모여서 **발** 디딜 틈이 없었다.

- 한 번 싸우고 나더니 자주 오던 친구가 **발**을 끊었다.

- 그는 **손바닥** 뒤집듯이 자기가 한 약속을 어긴다.

모국어 열쇠 활용 문제

다음 빈칸에 우리 신체 부위를 가리키는 낱말을 써넣으세요.

보기:	가슴, 발, 눈, 무릎, 어깨, 목, 손가락, 손바닥

① 연주할 시간이 다가오자 나는 조바심에 　　　　　 을 태우면서 기다렸다.

② 그는 슬퍼서 　　　　　 를 축 늘어뜨리고 혼자서 걷고 있었다.

③ 그 감독 　　　　　 밖에 나면 경기에 출전할 수 없다.

④ 잘못을 용서해 달라고 손이 　　　　　 이 되도록 빌었다,

⑤ 아들이 시험에 합격했다는 소식을 듣고 아빠가 　　　　　 을 탁 쳤다.

⑥ 　　　　　 이 빠지게 기다려도 전화는 오지 않았다.

⑦ 모든 사람이 청소하느라 정신이 없는데 그는 　　　　　 하나 까딱하지 않았다.

⑧ 매일 밤을 새우면서 아버지는 　　　　　 에 못이 박히도록 일을 했다.

9장

자연과 색

같은 소리 다른 한자
백(白) : 결백, 흑백, 백지, 백두산, 고백
백(百) : 백성, 백화점, 백과사전, 수백만, 백일잔치
성(星) : 위성, 북두칠성, 화성, 목성, 행성
성(成) : 성적, 성공, 성장, 완성, 성취

흑색	백색	세련된	촌스러운
진하다	연하다	가파르다	평평하다
뚜렷하다	희미하다	밀물	썰물
밝다	어둡다	음지	양지
육지	바다	깊다	얕다

한 문장으로 배우는 낱말 뜻

까마귀의 날개는 **흑색**이고 백조의 날개는 **백색**이다.

같은 빨강색이지만 **연한** 빨강과 **진한** 빨강은 서로 다르다.

뚜렷하게 보이던 산도 안개가 끼면 **희미하게** 보인다.

해가 뜨면 날이 **밝아지고** 해가 지면 **어두워진다**.

동물은 **육지**에서 살고 물고기는 강과 **바다**에서 산다.

촌스럽게 생겼지만 옷을 잘 입어서 **세련되어** 보였다.

가파른 언덕을 넘어야 **평평한** 땅에 도착할 수 있다.

바닷물이 들어오면 **밀물**이고 빠져 나가면 **썰물**이다.

햇볕이 비치는 곳이 **양지**이고 그늘진 곳이 **음지**이다.

계곡은 **얕아** 보이지만 **깊은** 곳이 있어서 조심해야 한다.

흑색 : 백색

사람은 피부색에 관계없이 평등하다.

　백색은 하얀색이고 **흑색**은 검은색입니다. 지구에는 피부색이 하얀 사람도 있고 검은 사람도 있습니다. 얼굴과 피부가 백색인 사람이 백인종이고, 흑색인 사람이 흑인종입니다. 역사적으로 백인종이 흑인종을 차별하고 무시했습니다. 흑인종은 주로 아프리카에 살았는데 유럽과 미국의 백인종이 그들을 잡아다가 노예로 삼았습니다.

　얼굴과 피부의 색으로 사람을 차별하지 않아야 합니다. 옛날에는 백인종과 흑인종의 차별이 있었지만 지금 세계 어디서도 그런 차별은 있을 수 없습니다. 차별을 하면 인종 차별로 벌을 받게 됩니다. 한국, 중국, 일본 사람과 같은 피부색을 가진 사람은 황인종이지요. 우리나라에도 흑인이 많이 살고 있습니다. 우리와 피부색이 다르다고 그들을 차별하지 않아야 합니다. 사람마다 얼굴 생김새와 키가 다르듯이 단지 피부색이 다를 뿐입니다. 세상에는 어느 누구도 같은 사람이 없습니다. 피부도 단지 다름의 하나일 뿐입니다. 여러분은 흑인이나 백인과 대화를 나눈 적이 있나요?

다음 중 위 글의 내용과 일치하지 않는 것을 고르세요.

① 역사적으로 백인종과 흑인종은 평등했습니다.
② 얼굴과 피부의 색깔로 사람을 차별하지 않아야 합니다.
③ 인종을 차별하면 벌을 받게 됩니다.

정답 : ① 역사적으로 백인종이
흑인종을 차별하고 무시했습니다.

같은 소리 다른 한자

소리가 같은 한자 **백(白, 百)**에서 만들어진 낱말들입니다.

백(白) : 흰				
고백	결백	흑백	백지	백두산

백(百) : 일백, 여러 가지				
백성	백화점	백과사전	수백만	백일잔치

다음 보기에서 뜻이 같은 한자에서 만들어진 낱말들을 찾아 해당 빈칸에 써넣으세요.

보기: 백두산, 백성, 백화점, 백지, 백과사전, 수백만, 결백, 흑백

흰 **백(白)**

일백 **백(百)**

대립 어휘 찾기 뜻이 대립되는 어휘를 찾아 빈칸에 써 보세요.

흑색 :

특색 / 기색 / 백색 / 음색

진하다 :

잘하다 / 말하다 / 일하다 / 연하다

뚜렷하다 :

생각하다 / 희미하다 / 시작하다 / 중요하다

밝다 :

있다 / 베다 / 서다 / 어둡다

육지 :

바다 / 산 / 계곡 / 하천

세련된 :

화려한 / 촌스러운 / 눈부신 / 호화로운

가파르다 :

험준하다 / 비탈지다 / 날카롭다 / 평평하다

밀물 :

건물 / 눈물 / 썰물 / 선물

음지 :

편지 / 바지 / 양지 / 휴지

깊다 :

넓다 / 멀다 / 짧다 / 얕다

글 읽고 이해하기
난이도 상 〈과학〉

26

밀물 : 썰물

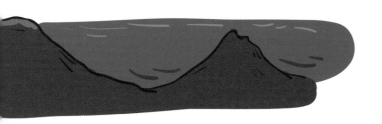

서해에서 바다가 갈라져서 길이 열린다.

바닷물의 높이가 높아져 해변가의 바닷물이 육지 쪽으로 들어오는 것을 '**밀물**', 반대로 바닷물의 높이가 낮아져 바닷물이 바다 쪽으로 빠지는 것을 '**썰물**'이라고 합니다. 밀물과 썰물은 달과 태양이 지구를 끌어당기는 힘과 지구가 하루에 한 바퀴씩 돌고 있는 것에 영향을 받습니다.

밀물과 썰물은 하루에 두 번씩 일어납니다. 우리나라에서는 동해안보다 서해안에서 밀물과 썰물의 차이가 더 큽니다. 서해안에서 밀물일 때와 썰물일 때는 바닷물의 높이가 10미터나 차이가 나지요. 서해에는 썰물이 되면 바닷물이 빠져나가서 섬까지 걸어갈 수 있는 곳이 있습니다. 바닷물이 갈라져서 길이 생긴다고 사람들이 모세의 바닷길이라고 부르지요. 바닷길이 열리는 가장 유명한 곳은 제부도와 무창포입니다. 아빠, 엄마와 함께 바닷길을 건너 보세요.

다음 중 위 글의 내용과 일치하지 않는 것을 고르세요.

① 썰물은 바닷물의 높이가 낮아져 바닷물이 바다 쪽으로 빠지는 것이다.
② 밀물과 썰물은 달과 태양과 지구의 영향을 받습니다.
③ 동해안이 서해안보다 밀물과 썰물의 차이가 더 크다.

정답 : ③ 동해안보다 서해안이 밀물과 썰물의 차이가 더 큽니다.

같은 소리 다른 한자

소리가 같은 한자 **성(星, 成)**에서 만들어진 낱말들입니다.

성(星) : 별				
위성	행성	북두칠성	화성	목성

성(成) : 이루다				
성취	성적	성공	성장	완성

다음 보기에서 뜻이 같은 한자에서 만들어진 낱말들을 찾아 해당 빈칸에 써넣으세요.

보기:	위성, 성적, 화성, 목성, 성공, 성장, 완성, 북두칠성

별 성(星)	

이루다 성(成)	

다음 대립 낱말이 들어가는 문장을 써 보세요.

흑색 백색	

육지 바다	

밝다 어둡다	

글 읽고 이해하기
난이도 중 〈과학〉
27

육지 : 바다

세계에서 가장 면적이 큰 나라는?

바다는 소금물로 채워진 곳입니다. 전체 지구 표면의 70.8%를 바다가 차지하고 있습니다. 바다의 평균 깊이는 4,117m이고 가장 깊은 곳은 11,034m입니다. 육지에서 가장 높은 에베레스트산은 8,848m입니다. 우리가 볼 수 있는 가장 높은 산의 높이보다 더 깊은 바다가 있는 것이지요. 물은 섭씨 0도가 되면 얼지만 바다에는 소금이 녹아 있어서 섭씨 -1.91도가 되어야 얼게 됩니다.

육지는 바다에 비해서 그 면적이 작습니다. 세계에서 면적이 가장 큰 나라는 러시아이고 그 다음이 캐나다입니다. 미국과 중국도 면적이 큰 나라로 남한과 북한을 합친 면적의 50배 정도나 됩니다.

남한과 북한의 면적을 합치면 총 22만 제곱킬로미터로 세계에서 85위입니다. 우리나라와 면적이 비슷한 나라는 영국, 라오스 그리고 루마니아입니다. 우리나라와 일본의 국토 면적과 인구를 비교해 보세요.

육지   바다

다음 중 위 글의 내용과 일치하지 않는 것을 고르세요.

① 바다가 육지보다 더 많은 지구 면적을 차지합니다.
② 가장 높은 산보다 바다에 더 깊은 곳이 있습니다.
③ 세계에서 면적인 가장 큰 나라는 미국입니다.

정답 : ③ 세계에서 면적이 가장 큰 나라는 러시아입니다.

평가 문제

1. 다음의 낱말들 중 다른 것들을 포함하는 낱말을 고르세요.

① 황인종   ② 인종   ③ 백인종   ④ 흑인종

2. 다음 〈보기〉에서 설명하는 말을 고르세요.

> **보기:**   바닷물이 육지 쪽으로 들어오는 현상 혹은 그 바닷물.

① 썰물   ② 샘물   ③ 밀물   ④ 끝물

3. 다음 〈보기〉 낱말에 쓰인 한자 백(百)의 뜻을 고르세요.

> **보기:**   백과사전, 백분율, 백성, 백화점

① 희다   ② 아뢰다   ③ 큰아버지   ④ 일백

4. 다음의 낱말들 중 뜻이 같은 한자에서 만들어진 낱말이 <u>아닌</u> 것을 고르세요.

① 북두칠성   ② 완성   ③ 위성   ④ 화성

5. 다음 예문의 빈칸에 알맞은 낱말을 보기에서 골라 넣으세요.

> **보기:**   가파른, 양달, 음지, 편평한, 활기차게, 희미하게

햇볕이 비치는 곳이 양지이고 햇볕이 비치지 않는 그늘진 곳이 ＿＿＿＿＿＿＿＿＿＿ 이다.

뚜렷하게 보이던 산도 안개가 끼면 ＿＿＿＿＿＿＿＿＿ 보인다.

＿＿＿＿＿＿＿＿＿ 언덕을 넘어야 평평한 땅에 도착할 수 있다.

시간과 빈도

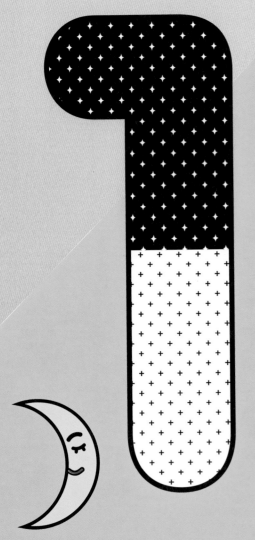

주중	주말
과거	미래
정오	자정
야간	주간
이전	이후

오전	오후
평일	휴일
작년	내년
개학	방학
학기 초	학기 말

한 문장으로 배우는 낱말 뜻

토요일과 일요일이 **주말**이고 월요일부터 금요일까지가 **주중**이다.

지나간 시간이 **과거**이고 다가올 시간이 **미래**이다.

낮 12시가 **정오**이고 밤 12시가 **자정**이다.

해가 떠 있을 때가 **주간**이고 해가 지면 **야간**이다.

어떤 시간보다 앞에 있으면 **이전**이고 뒤에 있으면 **이후**이다.

낮 12시 전이 **오전**이고 12시가 지나면 **오후**이다.

우리는 **평일**에는 일을 하고 **휴일**에는 쉰다.

작년에 일학년이었던 학생은 **내년**에 삼학년이 된다.

개학하면 학교에 가고 **방학**하면 학교에 가지 않는다.

우리나라에서는 3월과 9월이 **학기 초**이고 7월과 12월이 **학기 말**이다.

과거 : 미래

준비한 사람만 기회를 잡는다.

　과거는 지나간 때이고 **미래**는 다가올 때입니다. 여러분은 학교에 입학하기 전 과거에 대해서 얼마나 기억하고 있나요? 좋은 일이든 나쁜 일이든 그것은 이미 지나간 과거입니다. 과거에 일어났던 일은 다시 돌아가서 바꿀 수 없습니다. "엎지른 물은 다시 담을 수 없다"는 속담이 있습니다. 그릇에 있던 물을 엎지르면 바닥에 뿌려지거나 땅에 스며들어서 다시 담을 수 없다는 말입니다.

　한 번 어떤 일이 일어나면 바꿀 수 없습니다. 그래서 우리는 미래에 다가올 일을 미리 준비해서 어떤 일이 잘못되지 않도록 해야 합니다. 기회는 준비한 사람에게만 찾아 옵니다. 아무것도 준비하지 않고서 좋은 일만 생기기를 바라지 않아야 합니다. 여러분은 미래를 위해서 어떤 준비를 하고 있나요?

다음 중 위 글에서 말하고자 하는 것은 무엇일까요?

① 미리 준비를 해야 기회가 옵니다.
② 과거는 이미 지나간 때입니다.
③ 그릇에 있던 물을 엎지르면 다시 담을 수 없습니다.

정답 : ①

같은 **소리 다른 한자**

소리가 같은 한자 **시(時, 市)**에서 만들어진 낱말들입니다.

시(時) : 때, 시간				
시간	즉시	정시	잠시	시계

시(市) : 도시, 시장				
시장	시민	도시	시청	서울시

다음 보기에서 뜻이 같은 한자에서 만들어진 낱말들을 찾아 해당 빈칸에 써넣으세요.

보기:	시간, 즉시, 시장, 시민, 도시, 잠시, 시계, 시청

때 시(時)	

시장 시(市)	

대립 **어휘 찾기** 뜻이 대립되는 어휘를 찾아 빈칸에 써 보세요.

주중 :
주변 / 주소 / 주인 / 주말

과거 :
시점 / 미래 / 시간 / 순서

정오 :
정도 / 예정 / 일정 / 자정

야간 :
시간 / 주간 / 순간 / 중간

이전 :
이제 / 이후 / 이날 / 이외

오전 :
오후 / 오늘 / 오월 / 오른쪽

평일 :
내일 / 매일 / 생일 / 휴일

작년 :
학년 / 내년 / 소년 / 매년

개학 :
대학 / 문학 / 입학 / 방학

학기 초 :
학기 말 / 학기 / 학교 / 시험

글 읽고 이해하기 29 난이도 중 〈통합〉 주중 : 주말

월화수목금토일
주중   주말

주말에도 일하는 사람들이 있다.

  사람들은 월, 화, 수, 목, 금, 토, 일로 정해진 7일을 주기로 생활합니다. 이 7일을 일주일이라고 합니다. 일주일은 7일로 되어 있는데 월요일부터 금요일까지가 **주중**이고 토요일과 일요일이 **주말**입니다. 주중에 학생은 학교에 가고 어른들은 일터에 갑니다. 주말이 되면 사람들은 집에서 쉽니다. 여러분도 주중에 열심히 활동하고 주말에는 쉬어야 합니다.

  사람들은 대부분 주말에 쉬지만 주말에도 일하는 사람들이 있습니다. 음식점과 가게에서 일을 하는 사람들은 손님들이 주말에도 찾아오기 때문에 일을 해야 합니다. 119 소방대원, 경찰, 방송을 하는 사람들도 주말에 일합니다. 또 어떤 사람들이 주말에도 일하는지 찾아보세요. 여러분은 주말에 무엇을 하나요?

다음 중 위 글의 내용과 일치하지 않는 것을 고르세요.

① 일주일은 월, 화, 수, 목, 금, 토, 일로 이루어집니다.
② 주말에도 일하는 사람들이 있습니다.
③ 주말에 쉬는 가게는 없습니다.

정답 : ③ 음식점이나 가게는 주말에도 일하는 경우가 많지만 주말에 쉬기도 합니다.

같은 소리 다른 한자

소리가 같은 한자 **선(先, 線)**에서 만들어진 낱말들입니다.

선(先) : 먼저, 우선				
선생	선배	우선	솔선	선진국

선(線) : 줄				
직선	곡선	휴전선	일차선	경계선

다음 보기에서 뜻이 같은 한자에서 만들어진 낱말들을 찾아 해당 빈칸에 써넣으세요.

보기:	선진국, 우선, 경계선, 선생, 선배, 직선, 곡선, 휴전선

먼저 **선(先)**	

줄 **선(線)**	

다음 대립 낱말이 들어가는 문장을 써 보세요.

과거 미래	

작년 내년	

개학 방학	

글 읽고 이해하기 난이도 중 〈통합〉 **30** 개학 : 방학

개학과 방학 중에서 어느 것이 좋은가?

방학은 학교 수업을 쉬는 것이고 **개학**은 방학이 끝나고 새로운 학기가 시작되는 것입니다. 우리나라는 한여름에는 너무 덥고 한겨울에는 너무 추워서 학교에 나가서 공부하는 것이 쉽지 않지요. 그래서 7-8월에 여름 방학, 12-1월에 겨울 방학을 합니다. 핀란드와 스웨덴의 겨울은 매우 춥지만 여름은 덥지 않고 활동하기 좋습니다.

비록 매우 춥지만 핀란드와 스웨덴에는 겨울 방학이 없고 대신 여름 방학이 매우 깁니다. 우리나라처럼 방학 기간은 70일 정도 되는데 6월부터 8월이 방학 기간입니다. 방학에는 학교에서 수업을 하지 않습니다. 방학 때는 공부를 내려 놓고 쉬고, 놀고, 여행도 하면서 자기가 원했던 것을 할 수 있는 시간입니다. 방학 때도 공부만 하면서 지내는 것은 성장에 도움이 되지 않습니다. 물론 부족한 과목이 있으면 방학 기간을 이용해서 보충해야 합니다. 방학은 학습보다는 여러 가지 활동을 하면서 육체와 정신에 새로운 힘을 불어넣어야 합니다. 지난 방학에 어떤 활동을 했는지 친구들에게 발표해 보세요.

다음 중 위 글의 내용과 일치하지 않는 것을 고르세요.

① 방학을 끝내고 다시 학교에 나가는 것을 개학이라고 합니다.
② 핀란드와 스웨덴에는 겨울 방학이 없고 여름 방학이 깁니다.
③ 방학에도 공부만 하면서 지내는 것이 좋습니다.

정답 : ③ 방학에도 공부만 하면서 지내는 것은
성장에 도움이 되지 않고, 쉬고, 놀고, 여행하면서 자기가 원했던 것을
할 수 있는 시간을 갖고 자유롭게 지내는 것이 좋습니다.
좋은 답이 됩니다.

평가 문제

1. 다음의 요일들 중 주중과 주말로 나눌 때 성격이 <u>다른</u> 하나를 고르세요.

① 일요일   ② 월요일   ③ 수요일   ④ 금요일

2. 다음 〈보기〉에서 설명하는 속담이나 격언을 고르세요.

> **보기:**   일단 저지른 잘못은 되돌릴 수 없다 뜻의 속담.

① 한 번 실수는 병가의 상사.   ② 똥 묻은 개가 겨 묻은 개 나무란다.

③ 한번 엎지른 물은 다시 주워 담을 수 없다.   ④ 천 리 길도 한 걸음부터.

3. 다음 〈보기〉 낱말에 쓰인 한자 시(市)의 뜻을 고르세요.

> **보기:**   시장, 시민, 도시, 시청, 출시

① 때   ② 보다   ③ 시험   ④ 도시

4. 다음의 낱말들 중 뜻이 같은 한자에서 만들어진 낱말이 <u>아닌</u> 것을 고르세요.

① 곡선   ② 선배   ③ 선생님   ④ 선진국

5. 다음 예문의 빈칸에 알맞은 낱말을 보기에서 골라 넣으세요.

> **보기:**   당일, 심야, 야간, 이전, 전기, 휴일

해가 떠 있을 때가 주간이고, 해가 지면 [   ] 이다.

우리는 평일에는 일을 하고, [   ] 에는 쉰다.

어떤 시간보다 앞에 있으면 [   ] 이고, 뒤에 있으면 이후이다.

중요한 우리말 표현(부사)

우리가 그 뜻을 정확하게 알지 못하고 자주 사용하는 말이 있습니다. 다음 낱말의 뜻을 익히고 그 낱말이 들어 있는 문장을 읽으면서 그 뜻을 새겨보세요.

시나브로: 모르는 사이에 조금씩 조금씩
그 책을 **시나브로** 읽다 보니 어느새 끝까지 다 읽었다.

도무지: 아무리 해도 또는 어찌해도
토론에서 한 사람이 **도무지** 알 수 없는 질문을 했다.

바야흐로: 지금 바로
오래 동안 꿈꾸었던 일이 **바야흐로** 이루어졌다.

고작: 좋게 평가하려 해도 별 것 아님
큰 식당을 한다고 하더니 하루 버는 돈이 **고작** 만 원이래.

하여간: 어찌하든지 간에 (=아무튼, 여하간, 하여튼)
하여간 오늘 청소는 네가 해야 한다.

하필: 다른 방법이 아니라 어찌하여 꼭
왜 **하필** 소풍을 오늘같이 비가 오는 날로 잡았지?

어차피: 이렇게 하든지 저렇게 하든지
어차피 해야 할 일이라면 오늘 끝내고 내일은 쉬자.

기필코: 반드시 (=기어이, 꼭)
결승에 올라가기 위해서는 이번 경기에서 **기필코** 이겨야 한다.

결코: 어떤 경우에도 절대로
꿈이 있는 사람은 **결코** 그렇게 행동하지 않아야 한다.

하마터면: 조금만 잘못하였더라면
하마터면 큰일이 벌어질 뻔했다.

진작: 좀 더 일찍 (=미리, 이미)
노래 공연이 이렇게 재미있는 줄 알았다면 **진작**에 왔을 건데.

하물며: 더욱이 (=더군다나)
짐승도 자기 새끼를 돌보는데 **하물며** 사람이 자기 자식을 버리다니!

만약: 있을지도 모르는 (= 혹시, 만일)
만약 내일 비가 내리면 밖에 나가지 말고 집에서 놀아야겠다.

마침내: 드디어 마지막에는 (=결국, 기어이)
힘들게 가파른 계단을 올라 **마침내** 산꼭대기에 도착했다.

자칫: 어쩌다가 일이 조금 어긋남
그러다가 **자칫** 잘못하면 기회를 모두 잃을 수도 있다.

모국어 열쇠 활용 문제

다음 빈칸에 적당한 말을 보기에서 골라 써넣으세요.

> **보기:** 하필, 하마터면, 도무지, 마침내, 시나브로, 어차피, 하물며, 기필코

① 날씨가 [   ] 추워지고 있으니 곧 겨울이 오겠네.

② 내일 발표를 해야 하니 [   ] 오늘까지 마무리를 해야 한다.

③ 우리 학교 개교 기념일이 왜 [   ] 3월 1일이야? 원래 노는 날인데.

④ 원어민이 영어로 떠드는데 [   ] 알아들을 수가 없다.

⑤ [   ] 미끄러져서 물에 빠질 뻔했다.

⑥ 고생을 하더니 [   ] 그 일을 해냈다.

⑦ 유치원생도 아는데 [   ] 2학년인 네가 이것을 모르면 되겠니?

⑧ [   ] 늦을 건데 차라리 밤 늦게 출발하자.

동물의 세계

같은 소리 다른 한자
초(草) : 초식, 초원, 초록색, 잡초, 약초
초(初) : 최초, 초등학생, 초급, 기초, 초기
동(動) : 자동차, 운동, 행동, 동물, 활동
동(東) : 동대문, 동풍, 동해, 동양화, 동쪽

동물	식물	생물	무생물
암컷	수컷	동물원	식물원
인간	짐승	날다	기다
들짐승	날짐승	야생 동물	가축
포유류	조류	초식	육식

한 문장으로 배우는 낱말 뜻

동물은 움직일 수 있고 **식물**은 움직일 수 없는 생물이다.

동물은 새끼를 밸 수 있는 **암컷**과 밸 수 없는 **수컷**으로 나뉜다.

인간은 생각하고 **짐승**은 사고하지 않는다.

새는 날아다니는 **날짐승**이고 토끼는 뛰어다니는 **들짐승**이다.

포유류는 새끼를 낳지만 **조류**는 알을 낳는다.

생물은 살아 있지만 돌과 물은 생명이 없는 **무생물**이다.

다람쥐와 기린은 **동물원**에 살고 국화와 튤립은 **식물원**에 있다.

어떤 일을 매우 잘하는 사람을 "**날고 기는** 사람"이라고 한다.

돼지와 소는 집에서 키우는 **가축**이고 다람쥐는 **야생 동물**이다.

소와 양은 **초식** 동물이고, 호랑이와 사자는 **육식** 동물이다.

글 읽고 이해하기 31
난이도 **상** 〈과학〉

포유류 : 어류

왜 고래는 물에 사는데 포유류일까?

사람, 사자, 호랑이처럼 새끼를 낳고 젖을 먹여서 키우는 동물이 **포유류**이고, 고등어, 꽁치, 갈치와 같이 물에서 살고 알을 낳는 동물이 **어류**입니다. 알을 낳지만 땅에서 살면서 날 수 있는 동물은 조류입니다. 고래는 상어나 고등어처럼 물에서 살지만 어류가 아니라 포유류에 속합니다. 왜 고래는 물에서 사는데 포유류라고 할까요?

고래는 물에서 살지만 사자나 호랑이와 같이 새끼를 낳아 젖을 먹여서 키웁니다. 물고기는 아가미로 숨을 쉬지만 고래는 사람과 같이 허파로 숨을 쉽니다. 그리고 물고기는 몸을 왼쪽 오른쪽으로 움직이면서 헤엄치지만 고래는 아래 위로 움직이면서 헤엄을 칩니다. 고래의 목뼈는 포유류와 마찬가지로 7개입니다. 그렇다면 다른 포유류는 모두 육지에서 사는데 고래는 왜 바다에서 살게 되었는지 부모님과 함께 알아보세요.

다음 중 위 글의 내용과 일치하지 <u>않는</u> 것을 고르세요.

① 포유류는 알을 낳지 않습니다.
② 고래와 상어, 고등어는 어류입니다.
③ 고래는 아래 위로 움직이면서 헤엄을 칩니다.

정답 : ② 고래는 물에 살지만 사자처럼 젖을 먹여 새끼를 키워서
포유류에 속하기 때문에 포유류에 표유류에 속합니다.

같은 소리 다른 한자

소리가 같은 한자 **초(草, 初)**에서 만들어진 낱말들입니다.

초(草) : 풀				
초식	초록색	초원	약초	잡초

초(初) : 처음, 시작				
최초	초등학생	초급	초기	기초

다음 보기에서 뜻이 같은 한자에서 만들어진 낱말들을 찾아 해당 빈칸에 써넣으세요.

보기: 초식, 기초, 잡초, 최초, 초등학생, 초록색, 초원, 초급

풀 초(草)

처음 초(初)

대립 어휘 찾기 뜻이 대립되는 어휘를 찾아 빈칸에 써 보세요.

동물 : _____
눈물 / 선물 / 식물 / 생물

생물 : _____
동물 / 무생물 / 식물 / 사람

암컷 : _____
수컷 / 암수 / 암소 / 수탉

동물원 : _____
병원 / 직원 / 정원 / 식물원

인간 : _____
사람 / 동물 / 신체 / 생각

날다 : _____
떠나다 / 자다 / 기다 / 먹다

들짐승 : _____
기러기 / 네발짐승 / 사자 / 날짐승

야생 동물 : _____
새 / 곤충 / 가축 / 초식 동물

포유류 : _____
상류 / 주류 / 조류 / 의류

초식 : _____
육식 / 음식 / 소식 / 한식

글 읽고 이해하기
난이도 중 〈통합〉

32 초식 : 육식

개와 고양이는 초식 동물일까, 육식 동물일까?

풀과 나뭇잎을 먹고 자라는 동물이 **초식** 동물이고, 고기를 먹고 자라는 동물이 **육식** 동물입니다. 토끼, 기린, 사슴, 소는 초식 동물이고, 사자, 호랑이, 북극곰, 표범은 모두 육식 동물입니다. 초식 동물은 풀을 먹기 때문에 소화시키는 기관이 발달했습니다. 육식 동물의 위는 하나지만 소는 4개의 위를 가지고 있습니다. 육식 동물은 다른 동물을 잡아먹어야 하기 때문에 매우 포악하고 강한 이빨과 발톱을 가지고 있습니다.

집에서 키우는 고양이와 개는 초식 동물일까요, 육식 동물일까요? 우선 개는 야채와 고기를 모두 먹는 동물입니다. 야채와 고기를 모두 음식으로 먹는 동물을 잡식 동물이라고 합니다. 사

람, 돼지, 개는 모두 잡식 동물이지요. 고양이는 원래 육식 동물입니다. 고양이를 가장 무서워하는 동물은 쥐입니다. 고양이가 쥐를 모두 잡아 먹기 때문입니다. 고양이가 사람들이 주는 감자, 고구마를 먹을 때가 있습니다. 원래 고양이는 육식 동물이라서 야채를 먹으면 고양이에게 매우 해롭습니다. 마찬가지로 소에게 고기가 들어간 먹이를 주면 큰 문제가 생기게 됩니다.

다음 중 위 글의 내용과 일치하지 않는 것을 고르세요.

① 사람은 육식 동물입니다.
② 소는 위를 4개나 가지고 있습니다.
③ 개는 야채와 고기를 모두 먹는 잡식 동물입니다.

같은 소리 다른 한자

소리가 같은 한자 **동(動, 東)**에서 만들어진 낱말들입니다.

동(動) : 움직이다				
활동	자동차	운동	행동	동물

동(東) : 동쪽, 동녘				
동쪽	동양화	동대문	동풍	동해

다음 보기에서 뜻이 같은 한자에서 만들어진 낱말들을 찾아 해당 빈칸에 써넣으세요.

보기:	동해, 동물, 동대문, 동풍, 동양화, 자동차, 운동, 행동

움직이다 **동(動)**	

동쪽 **동(東)**	

다음 대립 낱말이 들어가는 문장을 써 보세요.

암컷 수컷	

초식 육식	

날다 기다	

글 읽고 이해하기
난이도 하 〈통합〉 **33**

인간 : 동물

인간은 동물과 무엇이 다를까?

　인간과 동물은 걷는 모양이 다릅니다. **동물**은 네 발로 걷지만 인간은 두 발로 걷지요. **인간**은 두 발로 걸을 수 있어서 운동을 하거나 생활을 할 때 두 손이 자유롭게 됩니다. 사람은 두 손으로 톱, 망치, 칼과 같은 도구를 사용할 수 있지만 동물은 앞발을 자유롭게 사용할 수 없습니다.

　인간과 동물의 가장 큰 차이는 언어 사용과 생각하는 능력에서 나타납니다. 동물은 언어를 사용할 수 없어서 의사소통이 자유롭지 않습니다. 또한 동물은 사람과 같이 눈에 보이지 않는 것을 상상하지 못합니다. 인간만이 보이지 않는 것을 생각할 수 있는 능력을 지니고 있지요. 인간이 동물에 비해서 훨씬 훌륭한 능력을 지니고 있지만 처음에 성장할 때는 매우 느립니다. 동물은 태어나서 시간이 얼마 지나지 않아도 걸을 수 있고 뛰어다닐 수 있지만 사람은 태어난 지 1년이 되어야 걷습니다.

다음 중 위 글의 내용과 일치하지 않는 것을 고르세요.

① 인간은 두 발로 걷고 동물은 네 발로 걷습니다.
② 동물은 상대방과 의사소통이 자유롭습니다.
③ 인간만이 보이지 않는 것을 생각할 수 있는 능력을 지니고 있습니다.

정답 : ② 동물은 언어를 사용할 수 없어서
의사소통과 의사전달이 자유롭지 않습니다.

평가 문제

1. 다음의 낱말 중 다른 것들을 포함하는 낱말을 고르세요.

① 포유류   ② 어류   ③ 조류   ④ 척추 동물

2. 다음 〈보기〉에서 설명하는 것을 고르세요.

보기:	풀과 나뭇잎을 먹고 자라는 동물

① 육식 동물   ② 초식 동물   ③ 잡식 동물   ④ 채식주의자

3. 다음 〈보기〉 낱말에 쓰인 한자 동(東)의 뜻을 고르세요.

보기:	동대문, 동서, 동양화, 동풍, 동해

① 움직이다   ② 한가지   ③ 겨울   ④ 동쪽

4. 다음의 낱말들 중 뜻이 같은 한자에서 만들어진 낱말이 <u>아닌</u> 것을 고르세요.

① 약초   ② 초등학생   ③ 초기   ④ 최초

5. 다음 예문의 빈칸에 알맞은 낱말을 보기에서 골라 넣으세요.

보기:	가축, 동물, 무생물, 침엽수, 파충류, 포유류

　　　　　　　은 움직일 수 있고 식물은 움직일 수 없는 생물이다.

　　　　　　　는 새끼를 낳지만 조류는 알을 낳는다.

돼지와 소는 집에서 키우는 　　　　　　　이고 다람쥐는 야생 동물이다.

12장

—

음식과 도구

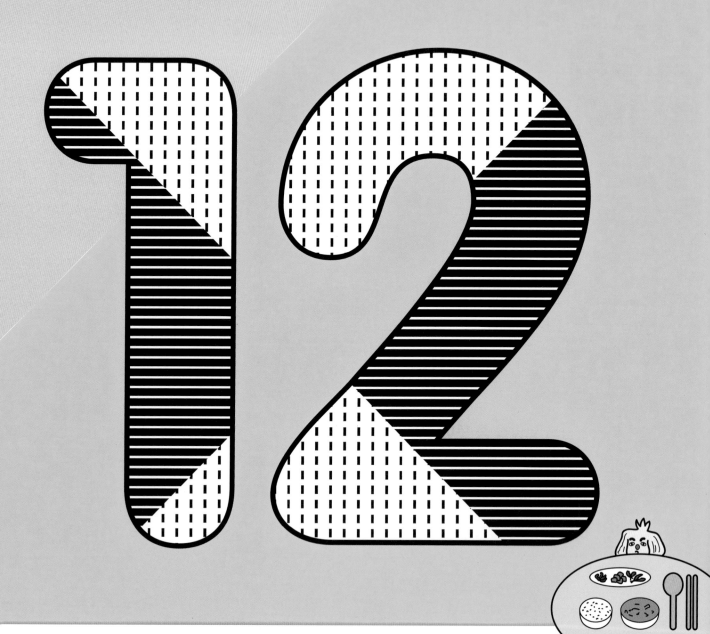

야채	육류		실	바늘
숟가락	젓가락		한식	양식
열쇠	자물쇠		짜다	싱겁다
농촌	도시		미각	후각
농업	어업		달다	쓰다

한 문장으로 배우는 낱말 뜻

김치, 상추, 고추는 **야채**이고 소고기, 닭고기, 오리고기는 **육류**이다.

어린 아이도 **숟가락**질은 잘하는데 어른이 되어도 **젓가락**질을 못하는 사람이 있다.

자물쇠로 문이 잠겨 있어서 **열쇠**로 열고 들어갔다.

도시에 살다가 나이가 들어서 **농촌**으로 이사하는 사람들이 늘어나고 있다.

농업은 곡식과 채소를 생산하고 **어업**은 물고기를 잡는 직업이다.

바늘에 **실**을 꿰어서 바느질을 한다.

어른들은 **한식**을 좋아하고 아이들은 서양에서 들어온 **양식**을 좋아한다.

소금을 많이 넣은 **짠** 음식보다 적게 넣은 **싱거운** 음식이 건강에 이롭다.

미각은 혀로 맛을 느끼는 감각이고 **후각**은 코로 냄새를 맡는 감각이다.

대체로 몸에 좋은 약은 **단** 것보다 **쓴** 것이 많다.

글 읽고 이해하기

난이도 중 〈통합〉

34

야채 : 육류

야채와 육류를 골고루 먹어야 한다.

　사람이 먹는 음식에는 야채와 육류가 있습니다. **야채**는 배추, 무, 감자, 고구마 등 밭에서 나는 채소나 열매를 뜻합니다. 소고기, 돼지고기, 닭고기, 오리고기와 같이 먹을 수 있는 짐승의 고기는 **육류**입니다. 사람은 야채와 육류 외에 쌀, 보리, 콩, 밀 등 곡류를 먹습니다. 그리고 아침, 저녁을 먹고 나서 사과, 복숭아, 딸기 등 과일을 먹기도 합니다.

　우리는 건강을 위해서 야채와 육류를 골고루 먹어야 합니다. 햄버거와 치킨만 먹으면 몸에 나쁜 물질이 쌓이고 뚱뚱해져서 병에 걸리게 됩니다. 야채만 먹으면 뼈와 근육이 약해져서 힘이 없어집니다. 어려서부터 밥, 빵과 함께 야채와 육류를 가리지 않고 먹는 습관을 길러야 합니다. 여러분이 지금 잘 먹지 않는 음식은 무엇인가요?

 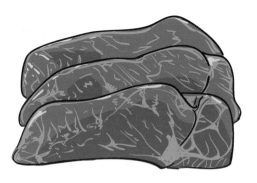

다음 중 위 글의 내용과 일치하지 <u>않는</u> 것을 고르세요.

① 사람은 채소와 육류를 먹습니다

② 햄버거와 치킨만 먹으면 몸에 나쁜 물질이 쌓입니다.

③ 야채만 먹어도 건강하게 살 수 있습니다.

정답 : ③ 야채만 먹으면 뼈와 근육이 약해져서
힘이 없어집니다.

같은 소리 다른 한자

소리가 같은 한자 **육(肉, 陸)**에서 만들어진 낱말들입니다.

육(肉) : 고기				
근육	육체	정육점	육식	육류

육(陸) : 땅, 육지, 뭍				
육지	육군	육교	착륙	육상

다음 보기에서 뜻이 같은 한자에서 만들어진 낱말들을 찾아 해당 빈칸에 써넣으세요.

보기:	정육점, 육식, 육지, 육군, 착륙, 육상, 근육, 육체

고기 **육(肉)**

땅 **육/륙(陸)**

대립 어휘 찾기 뜻이 대립되는 어휘를 찾아 빈칸에 써 보세요.

야채 :

채소 / 나물 / 육류 / 밭

숟가락 :

가락 / 발가락 / 손가락 / 젓가락

열쇠 :

자물쇠 / 무쇠 / 구두쇠 / 방아쇠

농촌 :

시골 / 도시 / 자연 / 산

농업 :

직업 / 기업 / 어업 / 작업

실 :

옷 / 가죽 / 바늘 / 신발

한식 :

양식 / 형식 / 후식 / 간식

짜다 :

부드럽다 / 까칠하다 / 매끈하다 / 싱겁다

미각 :

후각 / 생각 / 감각 / 조각

달다 :

먹다 / 쓰다 / 맛보다 / 맛있다

글 읽고 이해하기 난이도 중 〈사회〉 35

농촌 : 도시

농촌과 도시는 무엇이 다를까?

농사를 짓는 사람들이 모여서 사는 곳이 **농촌**이고, 회사나 국가 기관이 많아서 높은 건물이 많고 낮에 사람들이 많이 모여서 일하는 곳이 **도시**입니다. 도시에는 사람이 많아서 상점, 자동차, 식당도 많지만 농촌에는 마을에 가게와 식당이 하나도 없는 곳도 있습니다. 도시에서는 쉽게 물건을 사고 다른 곳으로도 쉽게 갈 수 있는 장점이 있고 농촌에서는 산과 들에서 자연과 함께 생활하는 장점이 있습니다.

도시에 살고 있는 사람은 주말이나 방학 때에 농촌 체험을 통해서 식탁에서만 보았던 쌀, 보리, 감자, 고구마 등의 농사를 어떻게 짓는지 알 수 있습니다. 기회가 된다면 몸소 감자와 고구마를 캐보는 것도 좋은 경험이지요. 농촌에서 생활하는 학생은 가끔 도시에 나와서 많은 사람들이 어떻게 살고 있는지 체험할 필요가 있습니다. 여러분은 어른이 되어서 도시와 농촌 중에서 어느 곳에 살고 싶은가요? 그리고 그 이유는 무엇인가요?

다음 중 위 글의 내용과 일치하지 <u>않는</u> 것을 고르세요.

① 도시에는 사람이 많아서 가게와 식당이 많습니다.
② 농촌에는 산과 들에서 자연과 함께 생활하는 장점이 있습니다.
③ 도시에 사는 사람들은 고구마를 캐보는 경험을 할 수 없습니다.

같은 소리 다른 한자

소리가 같은 한자 **산(山, 産)**에서 만들어진 낱말들입니다.

산(山) : 뫼, 산				
산	등산	설악산	강산	산신령

산(産) : 낳다, 재산				
재산	부동산	생산	산업	농산물

다음 보기에서 뜻이 같은 한자에서 만들어진 낱말들을 찾아 해당 빈칸에 써넣으세요.

보기:	산업, 농산물, 설악산, 강산, 등산, 생산, 산신령, 재산

뫼 산(山)	

낳다 산(産)	

다음 대립 낱말이 들어가는 문장을 써 보세요.

농촌 도시	

야채 육류	

달다 쓰다	

글 읽고 이해하기
난이도 중 〈통합〉 **36**

한식 : 양식

김치는 우리 고유의 음식입니다.

우리 고유의 음식이 **한식**이고 서양에서 들어온 음식이 **양식**입니다. 밥, 김치, 깍두기를 비롯하여 나물 반찬은 모두 한식입니다. 우리 음식을 대표하는 한정식에는 많은 종류의 반찬과 찌개가 나옵니다. 햄버거, 피자, 파스타, 스테이크 등이 서양에서 들어온 양식입니다. 일반적으로 한식에는 야채가 많이 들어가고 양식에는 고기가 많이 들어갑니다.

한식 중에서 우리가 외국에도 수출하는 대표적인 음식이 김치입니다. 김치는 살찌는 것을 방지하고 건강에 좋지 않은 혈압을 낮추어 줍니다. (혈압이 높으면 많은 병의 원인이 됩니다.) 김치는 암을 예방하는 효과도 있다고 합니다. 또한 잘 익은 김치에는 풍부한 유산균도 있습니다. 우리는 유산균을 섭취하기 위해서 요구르트를 먹지요. 요구르트 대신 김치를 먹는 것도 유산균을 섭취하는 방법이 될 수 있습니다. 김치가 건강에 좋기 때문에 미국, 일본, 중국에도 김치를 수출하고 있습니다. 여러분은 김치를 좋아하나요?

다음 중 위 글의 내용과 일치하지 않는 것을 고르세요.

① 김치와 햄버거는 대표적인 한식입니다.
② 김치는 혈압을 낮추어 줍니다.
③ 김치는 암을 예방하는 효과도 있습니다.

정답 : ① 햄버거는 서양에서 사용하는 음식으로 양식입니다.

평가 문제

1. 다음의 곡류와 야채 중 성격이 <u>다른</u> 하나를 고르세요.

① 감자   ② 보리   ③ 쌀   ④ 콩

2. 다음 〈보기〉에서 설명하는 낱말을 고르세요.

보기:	농사짓는 사람들이 모여 사는 곳

① 농부   ② 산촌   ③ 시골   ④ 농촌

3. 다음 〈보기〉 낱말에 쓰인 한자 산(山)의 뜻을 고르세요.

보기:	강산, 등산, 빙산, 설악산, 산신령

① 들   ② 산   ③ 재산   ④ 셈

4. 다음의 낱말들 중 뜻이 같은 한자에서 만들어진 낱말이 <u>아닌</u> 것을 고르세요.

① 근육   ② 육지   ③ 육식   ④ 육체

5. 다음 예문의 빈칸에 알맞은 낱말을 보기에서 골라 넣으세요.

보기:	광업, 어업, 자물쇠, 촉각, 키, 후각

　　　　　　　　로 문이 잠겨 있어서 열쇠로 열고 들어 갔다.

곡식과 채소를 생산하는 농업과 물고기를 잡는 　　　　　　　　은 보호해야 할 산업이다.

미각은 혀로 맛을 느끼는 감각이고, 　　　　　　　　은 코로 냄새를 맡는 감각이다.

중요한 우리말 표현(명사)

우리는 다음 낱말들을 자주 사용하지만 그 뜻을 확실하게 알지 못하는 경우가 있습니다. 이 낱말 중에는 '시치미를 떼다/어처구니없다/늑장 부리다'처럼 반드시 다른 낱말과 함께 쓰이는 경우도 있습니다. 먼저 낱말 뜻을 익히고 그 낱말이 어떤 상황에서 쓰이는지 알아보세요.

딴전/딴청: 엉뚱한 짓을 하다
철수는 수업 시간에 선생님 말을 듣지 않고 늘 **딴전/딴청**을 피운다.

늑장/늦장: 느릿느릿 꾸물대는 것
시간이 없으니 **늑장/늦장** 부리지 말고 서둘러라.

어처구니: 맷돌의 손잡이 (= 어이) 예: 어처구니/어이 없는 일 = 아주 뜻밖의 일)
어처구니가 없는 일을 당해서 일이 손에 잡히지 않는다.

시치미: 매의 임자를 밝히기 위해 주소를 적어 매 꽁지 위의 털 속에 매어 두는 네모진 뿔
그는 아무것도 모른 척 **시치미** 떼었다. (= 알고도 모르는 체하다)

골탕: 한꺼번에 되게 당하는 손해나 곤란
동생이 나를 **골탕** 먹이려고 가방을 숨겨 놓았다.

터무니: 집에 터를 잡은 흔적 또는 정당한 근거나 이유
친구가 **터무니** 없는 주장을 했지만 끝까지 들어주었다.

비지땀: 몹시 힘든 일을 할 때 엄청나게 흐르는 땀
농부들이 한여름에 **비지땀**을 흘리면서 일을 하고 있다.

주눅: 움츠러드는 태도
그 아이는 대통령 앞에서도 **주눅**이 들지 않고 당당하게 말을 했다.

철: 옳고 그름을 따지는 능력
아이가 언제 **철**이 들어서 부모 마음을 알게 될까?

스스럼: 서로 부끄러워하거나 조심함 ('스스럽다'에서 생긴 말)
크게 다투고 나서 우리는 **스스럼**없는 사이가 되었다.

애간장: 애는 창자이고 간장은 간 (애간장을 태우다 = 몹시 근심스럽고 안타까워하다)
엄마가 **애간장**을 태우면서 홀로 산에 간 아이를 기다리고 있었다.

새참: 일을 하다가 잠깐 쉬며 먹는 음식
요즘에는 아이들도 농부처럼 **새참**을 먹으면서 공부를 한다.

눈치: 남의 마음을 알아내는 것
내 친구는 **눈치**가 빨라서 선생님께 혼나는 일이 없다.

골치: 머리의 속된 말
엄마는 나만 보면 **골치**가 아프다고 하는데 왜 그러는지 모르겠다.

**모국어 열쇠
활용 문제**

다음 빈칸에 적당한 말을 보기에서 골라 써넣으세요.

> **보기:** 딴전, 시치미, 늑장, 어처구니, 철, 주눅, 스스럼, 새참

① 어른이 되어도 _____ 이 들지 않는 사람이 있다.

② 교장 선생님의 질문에 아이들이 _____ 이 들어서 대답을 하지 못했다.

③ 새로 전학 온 친구가 반 아이들과 _____ 없이 잘 지낸다.

④ 농부들은 오후에 일하다가 _____ 을 먹는다.

⑤ 지난 수업 시간에 _____ 을 피웠더니 오늘 수업을 따라가지 못하겠네.

⑥ 아침에 일어나서 서두르지 않고 _____ 을 부리다가 지각을 했다.

⑦ 자기가 그 일을 저질러 놓고 모르는 척 _____ 를 떼고 있네.

⑧ 어제 사온 빵을 쓰레기통에 버렸다니 _____ 가 없다.

13장

—

학교생활

학습할 내용

학교생활 관련 대립 어휘

글 읽고 이해하기 37. 신입생 : 재학생
글 읽고 이해하기 38. 권리 : 의무
글 읽고 이해하기 39. 교과서 : 참고서

같은 소리 다른 한자

교(校) : 학교, 교장, 등교, 교문, 하교
교(敎) : 교과서, 교육, 교사, 교재, 종교
등(登) : 등장, 등록, 등교, 등산, 등용
등(等) : 등급, 초등학교, 평등, 열등감, 월등

입학	졸업	교과서	참고서
신입생	재학생	가르침	배움
학생	교사	등교	하교
교장	교감	질문	대답
출석	결석	권리	의무

한 문장으로 배우는 낱말 뜻

7살에 초등학교에 **입학**해서 6년 동안 공부하고 **졸업**한다.

새로 1학년에 입학하면 **신입생**이고 이미 학교에 다니면 **재학생**이다.

교사는 가르치고, **학생**은 배운다.

학교의 교사와 학생을 돌보는 사람이 **교장**이고 **교감**이 교장을 돕는다.

학교에 가면 **출석**이고 가지 않으면 **결석**이다.

학교에서는 **교과서**로, 집에서는 **참고서**로 공부한다.

학교는 **가르침**과 **배움**이 함께 하는 공동체이다.

아침마다 학교에 가는 것이 **등교**이고 끝나고 집에 오는 것이 **하교**이다.

공부를 잘하려면 **질문**하는 습관을 길러야 하고 교사는 **대답**을 잘해야 한다.

당연히 요구해서 누려야 하는 것이 **권리**이고 반드시 해야 할 일이 **의무**이다.

글 읽고 이해하기
난이도 중 〈통합〉 **37**

신입생 : 재학생

신입생이 재학생이 되고, 재학생이 다시 신입생이 된다.

　새로 학교에 들어온 학생이 **신입생**이고 이미 학교에 있었던 학생이 **재학생**입니다. 학기 초에 초등학교에 입학한 1학년생은 신입생이고 2학년부터 6학년까지의 학생은 모두 재학생입니다. 신입생은 초등학교, 중학교, 고등학교 그리고 대학교에도 있습니다. 재학생은 신입생이 학교에 들어오면 학교생활에 적응할 수 있도록 도움을 줍니다.

　신입생도 시간이 지나면 재학생이 되고, 재학생도 졸업하면 다시 신입생이 됩니다. 재학생일 때 신입생을 잘 돌봐 주어야 자기가 신입생이 되었을 때 재학생이 잘 돌봐 주겠지요. 학교에서나 학교 밖에서나 무엇을 잘 모르는 사람이 도움을 필요로 할 때는 친절하게 도와주어야 합니다. 알지 못하는 사람이 길을 묻거나 어떤 장소를 찾으면 그 사람이 잘 알 수 있도록 도움을 주어야지요. 여러분은 모르는 사람에게 그러한 친절을 베푼 적이 있습니까?

다음 중 위 글의 내용과 일치하지 <u>않는</u> 것을 고르세요.

① 학기 초에 학교에 들어간 학생이 신입생입니다.
② 신입생은 초등학교에만 있습니다.
③ 무엇을 잘 모르는 사람이 도움을 필요로 할 때는 도와주어야 합니다.

같은 소리 다른 한자

소리가 같은 한자 **교(校, 敎)**에서 만들어진 낱말들입니다.

교(校) : 학교				
학교	교장	등교	하교	교문

교(敎) : 가르치다				
종교	교과서	교육	교사	교재

다음 보기에서 뜻이 같은 한자에서 만들어진 낱말들을 찾아 해당 빈칸에 써넣으세요.

보기:	학교, 교과서, 교장, 등교, 교육, 교사, 교재, 교문

학교 **교(校)**	

가르치다 **교(敎)**	

대립 어휘 찾기 뜻이 대립되는 어휘를 찾아 빈칸에 써 보세요.

입학 :
학생 / 선생님 / 졸업 / 학교

신입생 :
대학생 / 재학생 / 여학생 / 중학생

학생 :
학교 / 운동장 / 수업 / 교사

교장 :
소풍 / 수학여행 / 교감 / 아침 조례

출석 :
수업 / 결석 / 학교 / 공부

교과서 :
참고서 / 질서 / 독서 / 문서

가르침 :
체득 / 모름 / 수업 / 배움

등교 :
학교 / 종교 / 하교 / 육교

질문 :
대답 / 질의 / 호기심 / 물음

교실 :
안방 / 복도 / 거실 / 부엌

글 읽고 이해하기
난이도 상 〈사회〉 **38**

권리 : 의무

가르침과 배움은 의무이면서 동시에 권리이다.

권리는 어떤 일을 당연히 주장할 수 있는 힘이고, **의무**는 사람으로서 마땅히 해야 하는 일입니다. 여러분이 학교에 가고 선생님께 배우는 것은 여러분의 권리이자 동시에 의무입니다. 여러분이 학교에 가지 않거나 학교에서 공부를 하지 않으면 여러분의

권리를 잃어버리는 것이고, 동시에 여러분의 의무를 다하지 않는 것입니다.

이처럼 권리와 의무는 동전의 양면처럼 서로 떼어 놓지 못하는 경우가 많습니다. 선생님에게는 여러분을 가르쳐야 하는 의무도 있지만 가르칠 권리도 있습니다. 여러분이 학원에서 미리 학습을 하고 가면 선생님이 가르칠 권리를 누릴 수 없습니다. 여러분이 학습의 권리를 누리듯이 선생님도 가르침의 권리를 누려야 합니다. 여러분은 학습 외에 어떤 권리를 누리고 있나요?

다음 중 위 글의 내용과 일치하지 <u>않는</u> 것을 고르세요.

① 사람으로서 마땅히 하여야 할 일은 권리입니다.
② 학교에 가고 선생님께 배우는 것은 권리이자 의무입니다.
③ 선생님은 가르침의 권리를 누려야 합니다.

정답 : ① 사람으로서 마땅히 해야 할 일은 의무라고 하였고
권리는 어떤 일을 당연히 주장할 수 있는 힘이라고 말합니다.

같은 소리 다른 한자

소리가 같은 한자 **등(登, 等)**에서 만들어진 낱말들입니다.

등(登) : 오르다				
등장	**등록**	**등교**	**등산**	**등용**

등(等) : 등급				
등급	**초등**학교	**평등**	**열등**감	**월등**

다음 보기에서 뜻이 같은 한자에서 만들어진 낱말들을 찾아 해당 빈칸에 써넣으세요.

보기:	등산, 등급, 초등학교, 등교, 평등, 열등감, 등장, 등록

오르다 **등(登)**	

등급 **등(等)**	

다음 대립 낱말이 들어가는 문장을 써 보세요.

교사 학생	

출석 결석	

질문 대답	

교과서 : 참고서

참고서는 필요할 때 보는 책이다.

초등학생, 중학생 그리고 고등학생이 학교에서 배우는 책이 **교과서**입니다. 수업 시간에 선생님과 함께 공부하는 책입니다. 참고서는 도움이 되는 책입니다. **참고서**는 교과서 내용을 더 자세하게 설명한 내용과 자기 실력을 가늠하는 문제를 담고 있습니다. 학교에서 배운 내용을 잘 모르거나 더 자세한 내용을 알고 싶을 때는 참고서를 이용하면 됩니다.

학교에서 배운 내용을 잘 모를 때는 우선 선생님께 여쭤 보아야 합니다. 참고서를 보지 않아도 선생님의 말씀을 잘 들으면 배우는 내용을 이해할 수 있습니다. 교과서에 나와 있는 내용도 잘 모르면서 참고서를 보는 것은 옳은 학습 방법이 아닙니다. 교과서에서 알아야 할 기본 내용을 먼저 공부하고 참고서를 이용해야 합니다. 여러분은 얼마나 자주 참고서를 보면서 학습을 하나요?

다음 중 위 글의 내용과 일치하지 않는 것을 고르세요.

① 교과서는 학생들이 학교에서 배우는 책입니다.
② 학교에서 배운 내용을 잘 모르거나 더 자세한 내용을 알고 싶을 때는 참고서를 이용하면 됩니다.
③ 참고서 없이는 배우는 내용을 잘 알 수 없습니다.

평가 문제

1. **다음의 낱말 중 다른 것을 포함하는 낱말을 고르세요.**

① 신입생   ② 재학생   ③ 졸업생   ④ 학생

2. **다음 〈보기〉에서 설명하는 낱말을 고르세요.**

보기:	온갖 종류의 많은 책을 모아 두고 사람들이 이용할 수 있도록 한 시설

① 서점   ② 문화회관   ③ 도서관   ④ 박물관

3. **다음 〈보기〉 낱말에 쓰인 한자 등(登)의 뜻을 고르세요.**

보기:	등장, 등록, 등교, 등산, 등용

① 오르다   ② 칡   ③ 등급   ④ 무리

4. **다음 낱말들 중 뜻이 같은 한자에서 만들어진 낱말이 <u>아닌</u> 것을 고르세요.**

① 교문   ② 교육   ③ 교장   ④ 등교

5. **다음 예문의 빈칸에 알맞은 낱말을 보기에서 골라 넣으세요.**

보기:	복도, 운동장, 재학생, 전입생, 전학, 졸업

초등학교에 7살에 입학해서 6년 동안 공부하고 [   ] 한다.

새로 1학년에 입학하면 신입생이고 이미 학교에 다니면 [   ] 이다.

교실과 [   ] 에서는 큰 소리로 떠들거나 장난을 치지 않아야 한다.

14장
계절과 날씨

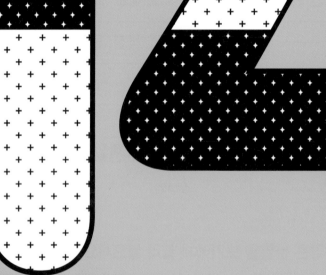

학습할 내용

계절과 날씨 관련 대립 어휘

글 읽고 이해하기 40. 천둥 : 번개
글 읽고 이해하기 41. 한파 : 폭염
글 읽고 이해하기 42. 태풍 : 지진

같은 소리 다른 한자
우(雨) : 우박, 우비, 폭풍우, 우산, 호우주의보
우(友) : 우정, 교우, 급우, 우애, 학우
해(海) : 남해, 해외, 해군, 해녀, 서해
해(解) : 이해, 해결, 해방, 해답, 해석

무더위	강추위	태풍	지진
한여름	한겨울	따뜻한	쌀쌀한
천둥	번개	폭설	폭우
초가을	늦가을	가뭄	장마
건조한	습한	한파	폭염

한 문장으로 배우는 낱말 뜻

온도와 습도가 매우 높으면 **무더위**, 매우 낮으면 **강추위**이다.

더위가 한창인 여름이 **한여름**, 매우 추운 시기가 **한겨울**이다.

하늘에서 **번개**가 치고 나면 **천둥** 소리가 난다.

가을이 시작되는 9월초가 **초가을**, 가을이 끝나는 11월말이 **늦가을**이다.

공기 중에 물기가 많으면 **습하고** 물기가 없으면 **건조하다**.

태풍이 오면 센 바람과 큰 비가 오고, **지진**이 일어나면 땅이 흔들린다.

따뜻한 날씨가 계속되다가 **쌀쌀한** 날씨로 변하면 감기를 조심해야 한다.

눈이 많이 내리면 **폭설**이고 비가 많이 내리면 **폭우**이다.

비가 오지 않으면 **가뭄**, 비가 계속해서 내리는 시기가 **장마**철이다.

영하 12도 이하이면 **한파** 주의보, 영상 33도 이상이면 **폭염** 주의보를 내린다.

글 읽고 이해하기
난이도 중 〈과학〉

40 천둥 : 번개

왜 번개가 치고 나서 천둥 소리가 들릴까?

소나기 구름이 많이 낀 날에 번개와 천둥이 치는 일이 많습니다. **번개**가 치면 번쩍번쩍 불빛이 사방에 보이고 조금 시간이 지나면 엄청난 소리를 내면서 **천둥** 소리가 들립니다. 한 번의 번개에는 4만 개의 전구를 8시간 동안 켤 수 있는 에너지가 포함되어 있다고 합니다. 번개가 땅에 도착하는 것을 벼락이라고 하는데 그 힘이 매우 강해서 나무, 사람, 건물이 벼락을 맞으면 모두 새까맣게 타버리게 됩니다. 사람들은 이러한 사고를 막기 위해서 높은 건물이나 나무에 피뢰침을 달아 놓지요. 피뢰침은 벼락의 피해를 막기 위해 금속으로 만든 막대기입니다.

번개가 치고 나면 한참 후에야 천둥 소리가 들립니다. 왜 그럴까요? 번개는 빛이라서 매우 빠르게 땅에 도달하지만 소리는 빛보다 느려서 1초에 340미터를 갑니다. 그래서 천둥은 항상 번개가 치고 난 다음에 우리가 그 소리를 들을 수 있습니다. 여러분은 번개와 천둥이 칠 때 어떤 느낌이 들었나요?

다음 중 위 글의 내용과 일치하지 <u>않는</u> 것을 고르세요.

① 번개가 치면 불빛이 보인 후에 천둥 소리가 들립니다.
② 벼락은 번개가 땅에 도착하는 것을 말합니다.
③ 번개는 빛이라서 매우 빠르므로 1초에 340미터를 갑니다.

정답 : ③

같은 소리 다른 한자

소리가 같은 한자 **우(雨, 友)**에서 만들어진 낱말들입니다.

우(雨) : 비				
우박	우비	호우주의보	폭풍우	우산

우(友) : 벗, 친구				
우정	교우	급우	우애	학우

다음 보기에서 뜻이 같은 한자에서 만들어진 낱말들을 찾아 해당 빈칸에 써넣으세요.

보기: 우정, 폭풍우, 우산, 우애, 교우, 급우, 우박, 우비

비 우(雨)	

벗 우(友)	

대립 어휘 찾기 뜻이 대립되는 어휘를 찾아 빈칸에 써 보세요.

무더위 : _____
열대야 / 강추위 / 여름 / 수박

한여름 : _____
한겨울 / 계절 / 휴가 / 휴식

천둥 : _____
하늘 / 땅 / 바다 / 번개

초가을 : _____
추수 / 낙엽 / 늦가을 / 독서

건조한 : _____
습한 / 겨울 / 각질 / 갈라짐

태풍 : _____
기상 / 기온 / 지진 / 바람

따뜻한 : _____
날씨 / 쌀쌀한 / 봄 / 나들이

폭설 : _____
눈사람 / 겨울 / 폭우 / 눈

가뭄 : _____
재해 / 장마 / 피해 / 농가

한파 : _____
온도 / 난방 / 오리털 / 폭염

글 읽고 이해하기
난이도 **상 〈통합〉**
41

한파 : 폭염

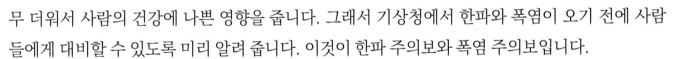

언제 한파 주의보와 폭염 주의보를 발표할까?

겨울철에 갑자기 추워지는 것이 **한파**이고, 여름철에 매우 심한 더위를 **폭염**이라고 합니다. 한파는 너무 춥고, 폭염은 너무 더워서 사람의 건강에 나쁜 영향을 줍니다. 그래서 기상청에서 한파와 폭염이 오기 전에 사람들에게 대비할 수 있도록 미리 알려 줍니다. 이것이 한파 주의보와 폭염 주의보입니다.

한파 주의보는 가장 낮은 기온, 즉 최저 기온이 전날보다 10℃ 이상 떨어져서 3℃ 이하일 때 또는 아침 최저 기온이 2일 넘게 영하 12℃ 밑으로 떨어질 때 발표합니다. 갑작스러운 온도 변화로 큰 피해를 입지 않도록 하기 위함입니다. 여름철에 폭염 주의보는 낮에 가장 높은 온도, 즉 최고 기온이 섭씨 33도를 넘는 날이 2일 정도 계속될 때 발표합니다. 한파 주의보와 폭염 주의보가 발표되었을 때 놀이터에서 재미있게 놀아도 될까요? 그렇지 않으면 어떻게 해야 안전할까요?

다음 중 위 글의 내용과 일치하지 <u>않는</u> 것을 고르세요.

① 한파는 겨울, 폭염은 여름에 나타난다.
② 한파 주의보는 아침에 가장 낮은 기온이 3℃ 이하일 때 발표합니다.
③ 갑작스러운 온도 변화로 큰 피해를 입지 않도록 한파 주의보와 폭염 주의보를 발표합니다.

같은 소리 다른 한자

소리가 같은 한자 **해(海, 解)**에서 만들어진 낱말들입니다.

해(海) : 바다				
서해	남해	해외	해군	해녀

해(解) : 풀다, 깨닫다				
이해	해결	해석	해방	해답

다음 보기에서 뜻이 같은 한자에서 만들어진 낱말들을 찾아 해당 빈칸에 써넣으세요.

보기:	이해, 해결, 해외, 해방, 해답, 남해, 해군, 해녀

바다 **해(海)**	

풀다 **해(解)**	

다음 대립 낱말이 들어가는 문장을 써 보세요.

장마 가뭄	

무더위 강추위	

천둥 번개	

태풍 : 지진

누가 태풍 이름을 지을까?

적도 부근 따뜻한 공기가, 바다에서 수증기를 엄청나게 많이 받고 세찬 바람과 함께 북쪽으로 이동하는 것이 **태풍**입니다. **지진**은 땅속에 있는 커다란 땅덩어리가 휘어졌다가 펴지면서 떨림을 일으키는 현상입니다. 플라스틱 자에 힘을 주어 끝까지 구부리면 부러지게 됩니다. 부러지고 나면 다시 평평한 상태로 돌아오지요. 땅속에서 일어나는 힘이 우리가 살고 있는 땅까지 미치면 우리가 서 있는 땅이 마구 흔들립니다.

지진에는 이름이 없지만 태풍에는 각각 이름이 있습니다. 태풍의 이름은 14개 국가에서 10개씩 지어서 사용합니다. 2014년 현재 우리나라가 만들어서 사용하고 있는 태풍 이름은 개미·제비·나리·너구리·장미·고니·미리내·메기·노루·독수리 등이고, 북한에서는 기러기·소나무·도라지·버들·갈매기·노을·무지개·민들레·메아리·날개를 만들었습니다. 여러분은 남한과 북한에서 지은 태풍의 이름 중에서 어느 것이 가장 좋다고 생각하나요?

다음 중 위 글의 내용과 일치하지 <u>않는</u> 것을 고르세요.

① 태풍은 적도에서 북쪽으로 이동합니다.
② 플라스틱 자는 부러지지 않습니다.
③ 태풍에는 여러 국가에서 10개씩 이름을 지어서 사용합니다.

평가 문제

1. 다음의 낱말들 중 다른 것들을 포함하는 낱말을 고르세요.

① 강풍   ② 바람   ③ 북서풍   ④ 태풍

2. 다음 〈보기〉에서 설명하는 낱말을 고르세요.

보기:	겨울철에 기온이 갑자기 내려가서 추워지는 현상.

① 가뭄   ② 폭염   ③ 한기   ④ 한파

3. 다음 〈보기〉 낱말에 쓰인 한자 우(雨)의 뜻을 고르세요.

보기:	강우, 우산, 폭풍우, 폭우, 호우

① 비   ② 바람   ③ 눈   ④ 번개

4. 다음의 낱말들 중 뜻이 같은 한자에서 만들어진 낱말이 <u>아닌</u> 것을 고르세요.

① 서해   ② 해군   ③ 해녀   ④ 해답

5. 다음 예문의 빈칸에 알맞은 낱말을 보기에서 골라 넣으세요.

보기:	번개, 벼락, 장마, 지진, 폭염, 한해

하늘에서 [   ] 가 치고 나면 천둥 소리가 난다.

겨울에 영하 12도 이하면 한파 주의보, 여름에 33도 이상이면 [   ] 주의보를 내린다.

[   ] 이 발생하면 땅이 흔들리고 많은 구조물이 파괴된다.

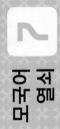

띄어쓰기

우리말 띄어쓰기

　　우리말에는 띄어 쓰는 것과 붙여 쓰는 것이 구별되어 있어서 띄어쓰기 규칙에 따라서 글을 써야 합니다. 일본어는 띄어쓰기를 하지 않고, 영어는 모든 낱말을 띄어서 씁니다. 우리말 띄어쓰기는 원칙을 알면 쉽게 사용할 수 있습니다. 이제 띄어쓰기의 몇 가지 중요한 원칙을 알아보기로 하겠습니다.

띄어쓰기 원칙

1. '이/가/은/는/을/를/와/과/의/도/에서/로/처럼/으로부터/뿐만/만큼/밖에'(조사)는 그 앞말에 붙여 씁니다.

꽃이	꽃은	꽃을	꽃과	꽃처럼
꽃도	꽃에서	꽃의	꽃으로	꽃만
꽃으로부터	꽃뿐만	꽃만큼	꽃밖에	꽃에는

2. '추운/더운/아름다운/쓰는/읽는/아는/보는/달리는'등의 꾸며 주는 말은 뒷말과 띄어 씁니다.

추운 날	**더운** 여름	**아름다운** 산	**쓰는** 연필	**읽는** 책
아는 사실	**보는** 사람	**달리는** 기차	**필요한** 물건	**중요한** 낱말
모든 학교	**따뜻한** 교실	**깨끗한** 방	**맛있는** 음식	**두꺼운** 옷

3. '수/것/뿐/데/줄/채/만큼/지/바/등/대로'(의존 명사)는 앞말과 띄어 씁니다.

할 **수** 없이	아는 **것**	했을 **뿐**	갈 **데** 없는 사람	할 **줄** 모르는
모자를 쓴 **채**	줄 **만큼** 주었다	떠난 **지** 3일	어찌할 **바**를	닭, 소 **등**의
머물 **수** 없어서	시작한 **지**	들은 **대로**	본 **대로**	생각한 **바**를

단, 다음과 같은 경우에는 앞말과 붙여 씁니다.

뿐	너뿐이야 / 통일뿐이다
대로	마음대로 / 생각대로
지	할지 말지 / 생각지도 못한

4. '개/마리/자루/년/시간'(단위 명사)은 띄어 써야 하지만 아라비아 숫자와 쓸 때는 붙여 씁니다.

사과 **한 개**	소 **한 마리**	연필 **열 자루**	**십 년** 동안	**한 시간**
사과 **1개**	소 **1마리**	연필 **10자루**	**10년** 동안	**1시간**

5. 성과 이름은 붙여 쓰고, 이름에 덧붙는 '박사/선생/부장/사장/장군' 등은 띄어 씁니다.

박유나	임유빈	이순신	담임 선생님
박유나 **씨**	임유빈 **학생**	이순신 **장군**	교장 **선생님**
박유나 **선생**	임유빈 **박사**	**충무공** 이순신	체육 **선생님**

6. 다음과 같은 경우에는 띄어 씀이 원칙이지만 붙여 쓸 수도 있습니다.

분당 초등학교	분당초등학교	서울 대학교	서울대학교
수소 폭탄	수소폭탄	만성 백혈병	만성백혈병
테러 방지	테러방지	정보 기술	정보기술

**모국어 열쇠
활용 문제**

다음 문장을 올바르게 띄어쓰기를 해서 다시 써 보세요.

① 오늘은학교에서점심을먹었다.

② 추운날에는두꺼운옷을입어야한다.

③ 차가오지않아서할수없이걸어서집에갔다.

④ 점심대신사과한개와바나나두개를먹었다.

⑤ 서울에서태백초등학교로강미나학생이전학을왔다.

15장
—
환경과 자연 보호

학습할 내용

환경과 자연 보호 관련 대립 어휘

글 읽고 이해하기 43. 천재 : 인재
글 읽고 이해하기 44. 수력 : 화력
글 읽고 이해하기 45. 재활용품 : 폐기물

같은 소리 다른 한자
도(道) : 도로, 인도, 철도, 차도, 도구
도(圖) : 도형, 도서관, 지도, 도화지, 의도
천(川) : 하천, 산천, 인천, 청계천, 대천해수욕장
천(天) : 천사, 천국, 천하, 개천절, 천재

냉방	난방	천재	인재
인도	차도	환경	유전
음지	양지	오염	정화
수력	화력	야외	실내
인공	자연	재활용품	폐기물

한 문장으로 배우는 낱말 뜻

더울 때는 **냉방**을 하고 추울 때는 **난방**을 한다.

사람이 다니는 도로가 **인도**이고 차가 다니는 도로가 **차도**이다.

햇빛이 비치는 곳이 **양지**이고, **음지**에는 햇빛이 비치지 않는다.

수력 발전소에서는 물로, **화력** 발전소에서는 불로 에너지를 만든다.

사람의 힘이 작용하면 **인공**, 그렇지 않으면 **자연**이다.

태풍과 지진은 **천재**이고, 화재와 교통사고는 **인재**이다.

부모에게 받은 **유전**자와 성장 **환경**이 인간에게 영향을 미친다.

더럽혀진 **오염**된 물을 깨끗하게 **정화**하려면 많은 돈이 필요하다.

바깥에서 하는 **야외** 활동과 안에서 하는 **실내** 활동이 균형을 이루어야 한다.

다시 사용하는 물품이 **재활용품**이고 쓸모가 없어 버리는 물품이 **폐기물**이다.

천재 : 인재

왜 천재와 인재를 따질까?

태풍이나 지진과 같이 사람의 힘으로 막지 못하는 큰 재난이 **천재**이고, 사람에 의해서 일어나는 재난이 **인재** 입니다. 태풍이 오면 강한 바람이 불고 많은 비가 내립니다. 농민들이 열심히 지은 벼가 쓰러지고 사과, 배 등이 모두 떨어져서 먹을 수 없게 됩니다. 또한 많은 비가 내려서 집이 떠내려가기도 하고 논과 밭에서 다 자란 곡식도 물에 잠겨서 다 썩게 됩니다. 천재 때문에 입은 피해는 국가가 나서서 그 피해액을 계산해서 돈으로 보상해 줍니다. 그렇지만 사람의 잘못으로 일어난 인재는 국가가 보상을 해 주지 않습니다.

우리말에는 다른 뜻으로 쓰이는 천재(天才)와 인재(人才)가 있습니다. 여기에 쓰인 천재는 타고날 때부터 남보다 뛰어난 재주를 가진 사람을 뜻하고 인재는 남보다 더 많은 지식과 재능을 가진 사람이란 뜻입니다. 이처럼 우리말에는 소리는 똑같지만 그 뜻이 서로 다른 낱말들이 많이 있습니다. 또 어떤 낱말들이 있는지 알아보세요.

다음 중 위 글의 내용과 일치하지 않는 것을 고르세요.

① 천재는 사람의 힘으로 막을 수 없습니다.
② 천재 때문에 입은 피해는 보상 받을 수 없습니다.
③ 인재는 사람의 잘못으로 일어납니다.

정답 : ② 천재 때문에 입은 피해는 국가가 나서서
그 피해액을 계산해서 돈으로 보상해 줍니다.

같은 소리 다른 한자

소리가 같은 한자 **도(道, 圖)**에서 만들어진 낱말들입니다.

도(道) : 길, 방법				
도로	인도	철도	도구	차도

도(圖) : 그림, 책				
도형	도서관	의도	지도	도화지

다음 보기에서 뜻이 같은 한자에서 만들어진 낱말들을 찾아 해당 빈칸에 써넣으세요.

보기:	차도, 지도, 도화지, 도로, 인도, 철도, 도형, 도서관

길 도(道)	

그림 도(圖)	

대립 어휘 찾기 뜻이 대립되는 어휘를 찾아 빈칸에 써 보세요.

냉방 : [   ]
안방 / 한방 / 난방 / 서방

인도 : [   ]
차도 / 지도 / 온도 / 복도

음지 : [   ]
관광지 / 양지 / 토지 / 육지

수력 : [   ]
매력 / 능력 / 음력 / 화력

인공 : [   ]
인위 / 가공 / 자연 / 가짜

천재 : [   ]
재난 / 인재 / 재해 / 한해

환경 : [   ]
자연 / 사회 / 유전 / 배경

오염 : [   ]
환경 / 대기 / 수질 / 정화

야외 : [   ]
집 / 실내 / 학교 / 운동장

재활용품 : [   ]
폐기물 / 생활용품 / 가정용품 / 유물

글 읽고 이해하기
난이도 중 〈과학〉 **44**

수력 : 화력

우리 집 불은 어떻게 켜질까?

우리가 집에서 스위치만 누르면 전등이 켜지고 컴퓨터도 켜집니다. 형광등이나 컴퓨터는 전기의 힘으로 켜집니다. 각 가정에 전달되는 전기는 어떻게 만들어질까요? 전기에 쓰이는 힘이 바로 전력인데 전력은 뜨거운 열로 만들어집니다. 뜨거운 열이 에너지를 만드는 원천입니다. 우리가 음식을 먹으면 그 음식이 열을 만들어서 에너지가 되고 그 에너지를 이용해서 활동을 합니다.

물이 높은 곳에서 낮은 곳으로 떨어지면서 열을 만들어 내거나, 석탄이나 석유를 태워서 열을 만들어 냅니다. 물을 이용해서 만드는 전력이 **수력**이고, 불을 이용해서 만드는 전력이 **화력**입니다. 수력 발전을 하기 위해서 많은 댐을 건설했지요. 요즘에는 수력과 화력보다 원자력 발전소에서 만들어 내는 에너지가 훨씬 더 많습니다. 한강에 댐은 몇 개나 있을까요? 그리고 우리나라에 원자력 발전소는 어디 있을까요?

다음 중 위 글의 내용과 일치하지 <u>않는</u> 것을 고르세요.

① 전기는 형광등이나 컴퓨터를 켤 수 있습니다.
② 전력은 전기에 쓰이는 힘입니다.
③ 요즘에는 원자력 발전소보다 수력 발전소에서 만들어 내는 에너지가 더 많습니다.

같은 소리 다른 한자

소리가 같은 한자 **천(川, 天)**에서 만들어진 낱말들입니다.

천(川) : 내, 개울				
하**천**	산**천**	인**천**	청계**천**	대**천**해수욕장

천(天) : 하늘				
천재	**천**사	**천**국	**천**하	개**천**절

다음 보기에서 뜻이 같은 한자에서 만들어진 낱말들을 찾아 해당 빈칸에 써넣으세요.

보기:	천사, 천국, 인천, 천하, 개천절, 하천, 산천, 청계천

내 **천(川)**	

하늘 **천(天)**	

다음 대립 낱말이 들어가는 문장을 써 보세요.

인도 차도	

야외 실내	

환경 유전	

재활용품 : 폐기물

왜 분리수거를 잘해야 할까?

사람은 생활하면서 많은 쓰레기를 만들어 냅니다. 먹고 남은 음식이 음식물 쓰레기이고, 음료수를 마시고 난 빈 병이나 페트병이 쓰레기가 되고, 과자를 먹고 나면 과자 봉투가 쓰레기가 됩니다. 쓰레기는 그대로 내버리면 다시 쓸 수 없는 것이 되지만 분리수거를 잘하면 다시 사용할 수 있지요. 이렇게 생활에서 나온 물건을 다시 사용하면 **재활용품**이 되고, 다시 쓸 수 없는 물건은 **폐기물**이 됩니다.

음식물을 분리수거하면 에너지를 만드는 데 쓰이거나 논밭에 거름으로도 쓸 수 있습니다. 빈 병이나 페트병은 잘 분리해서 모으면 다시 재활용할 수 있습니다. 쓰레기를 처리하려면 많은 돈이 들어가는데 분리수거를 잘하면 돈도 아끼고, 환경을 보호할 수 있습니다. 조금 힘들어도 가정에서 나오는 쓰레기를 잘 분리해서 버려야 하겠지요. 여러분 집에서는 쓰레기를 몇 가지 종류로 분리하는지 알아보세요.

다음 중 위 글의 내용과 일치하지 <u>않는</u> 것을 고르세요.

① 쓰레기 분리수거를 잘하면 다시 사용할 수 있습니다.
② 쓰레기는 폐기물입니다.
③ 쓰레기를 처리하려면 많은 돈이 들어갑니다.

정답 : ② 쓰레기도 다시 사용할 수 있는
재활용품이 될 수 있습니다.

평가 문제

1. 다음의 낱말 중 다른 것을 포함하는 낱말을 고르세요.

① 동력　　　　　② 수력　　　　　③ 풍력　　　　　④ 화력

2. 다음 〈보기〉에서 설명하는 말을 고르세요.

> **보기:**　　　　　다시 활용하거나 가공하여 사용할 수 있는 폐품.

① 폐기물　　　　② 재활용품　　　③ 쓰레기　　　④ 고물

3. 다음 〈보기〉 낱말에 쓰인 한자 천(天)의 뜻을 고르세요.

> **보기:**　　　　　개천절, 천국, 천사, 천지, 천하

① 내　　　　　　② 하늘　　　　　③ 일천　　　　　④ 샘

4. 다음의 낱말들 중 뜻이 같은 한자에서 만들어진 낱말이 <u>아닌</u> 것을 고르세요.

① 도로　　　　　② 인도　　　　　③ 지도　　　　　④ 철도

5. 다음 예문의 빈칸에 알맞은 낱말을 보기에서 골라 넣으세요.

> **보기:**　　　　　난방, 냉방, 배경, 인공, 인재, 환경

더울 때는 [　　　　　　　] 을 하고 추울 때는 난방을 한다.

사람의 힘이 작용하면 [　　　　　　　] , 그렇지 않으면 자연이다.

부모에게 받은 유전자와 성장 [　　　　　　　] 이 인간에게 영향을 미친다.

16장

—

사회생활

학습할 내용

사회생활 관련 대립 어휘

글 읽고 이해하기 46. 질서 : 무질서

글 읽고 이해하기 47. 매듭 : 실마리

글 읽고 이해하기 48. 칭찬 : 꾸중

같은 소리 다른 한자

동(同) : 공동, 동참, 동료, 동의, 동일한

동(童) : 아동, 동화, 동요, 신동, 동심

제(題) : 제목, 문제, 주제, 과제물, 숙제

제(祭) : 제사, 축제, 제물, 영화제, 제단

꾸중	칭찬
매듭	실마리
효	불효
부지런한	게으른
질서	혼란

예의	무례
질서	무질서
명예	불명예
비겁한	정정당당한
도덕	부도덕

한 문장으로 배우는 낱말 뜻

착한 일을 하면 **칭찬**을 받지만 나쁜 짓을 하면 **꾸중**을 듣는다.

노끈이나 실로 잡아맨 마디가 **매듭**이고 헝클어진 실의 첫머리가 **실마리**이다.

부모를 잘 섬기는 것이 **효**이고 자식이 자기 일을 다하지 못하면 **불효**이다.

게으른 사람이 **부지런한** 사람보다 잘사는 일은 없다.

순서와 차례를 잘 지키면 **질서**가 유지되지만, 지키지 않으면 **혼란**이 일어난다.

예의 바름과 **무례**함은 말투와 몸가짐에서 나타난다.

한 사람이라도 **질서**를 지키지 않으면 **무질서**가 생기게 된다.

사람들이 훌륭하다고 생각하는 이름이나 자랑거리가 **명예**이고 명예롭지 못함이 **불명예**이다.

정의로운 일에는 손해를 보아도 **정정당당하게** 나서야지 **비겁하게** 피하지 않아야 한다.

사람이 지켜야 할 도리가 **도덕**이고 그 도리를 지키지 않음이 **부도덕**이다.

글 읽고 이해하기
난이도 중 〈사회〉 46
질서 : 무질서

누구나 질서를 지켜야 한다.

　순서나 차례를 잘 지키는 것이 **질서**이고 그렇지 않으면 **무질서**입니다. 우리는 차가 다니는 길을 건널 때는 반드시 횡단보도를 이용해야 합니다. 횡단보도에는 질서를 지킬 수 있도록 신호등이 있습니다. 우리는 녹색 불이 켜졌을 때 길을 건너고 빨간 불이 켜져 있을 때는 길을 건너지 않아야 합니다. 녹색 불이 켜져 있어도 녹색 불이 깜빡일 때는 길을 건너지 않아야 하고 길을 건너던 사람은 빨리 건너거나 다시 돌아와야 합니다. 녹색 불이 깜빡일 때 길을 건너려고 뛰는 것은 매우 위험합니다.

　횡단보도에 신호등을 설치하면 질서를 지키는 데 도움이 됩니다. 신호등이 없으면 자동차와 걷는 사람들이 뒤엉켜서 무질서하게 되지요. 줄을 잘 서고, 차례를 지켜야 질서가 유지됩니다. 다 같이 질서를 지키면 모든 사람들이 안전하고 편안합니다. 여러분은 무질서 때문에 힘들었던 경험이 있었나요?

다음 중 위 글의 내용과 일치하지 않는 것을 고르세요.

① 질서와 무질서는 순서나 차례를 잘 지키느냐에 따라 구분합니다.
② 녹색 불이 깜빡일 때 길을 건너려고 뛰는 것은 위험합니다.
③ 신호등이 없어도 자동차와 걷는 사람들은 질서를 유지합니다.

정답 : ③ 신호등이 없으면 차를 지키는 데 도움이 됩니다.
신호등이 없으면 자동차와 걷는 사람들이 뒤엉켜서 무질서하게 됩니다.

같은 소리 다른 한자

소리가 같은 한자 **동(同, 童)**에서 만들어진 낱말들입니다.

동(同) : 같다, 한가지, 함께				
공동	동참	동료	동의	동일한

동(童) : 아이				
아동	동화	동요	동심	신동

다음 보기에서 뜻이 같은 한자에서 만들어진 낱말들을 찾아 해당 빈칸에 써넣으세요.

보기:	아동, 동요, 동료, 동의, 신동, 공동, 동참, 동화

한가지 **동(同)**	

아이 **동(童)**	

대립 어휘 찾기 뜻이 대립되는 어휘를 찾아 빈칸에 써 보세요.

꾸중 : ☐
칭찬 / 호통 / 훈계 / 잔소리

예의 : ☐
격 / 버릇 / 무례 / 법

권리 : ☐
권한 / 이익 / 의무 / 공익

질서 : ☐
법칙 / 평온 / 평탄 / 무질서

효 : ☐
유효 / 불효 / 특효 / 실효

명예 : ☐
명성 / 유명 / 불명예 / 저명

부지런한 : ☐
유일한 / 흉한 / 부족한 / 게으른

비겁한 : ☐
정정당당한 / 다정한 / 야비한 / 비열한

질서 : ☐
안전 / 안도 / 혼란 / 보람

도덕 : ☐
윤리 / 부도덕 / 사회 / 덕

매듭 : 실마리

매듭은 잘 짓고 실마리는 잘 풀어야 한다.

새 운동화를 사면 운동화 끈을 끼워서 마지막에 매듭을 짓지요. 매듭을 짓지 않으면 끈이 풀려서 운동화가 자꾸만 벗겨집니다. 이처럼 실과 끈으로 잡아매어 마디를 이룬 것이 **매듭**입니다. 운동화를 빨 때는 매듭을 풀어야 합니다. 등산이나 낙하를 할 때 밧줄 매듭을 잘 지어야 안전하지요. 감겨 있거나 엉클어진 실의 첫 부분이 **실마리**입니다. 실이 엉클어지면 실마리를 찾아야 엉킨 실을 풀 수 있습니다.

'실마리'는 어떤 일이 꼬여 있을 때 그 일을 풀어내는 첫머리를 뜻하기도 합니다. 친구와 싸워서 사이가 멀어졌을 때는 마주 앉아서 하는 대화가 화해의 실마리가 됩니다. 탐정 소설에서는 탐정이 쓰레기 통에서 우연히 발견한 종이 쪽지나 벽에 걸린 그림에서 사건의 실마리를 발견하는 일이 많습니다.

다음 중 위 글의 내용과 일치하지 않는 것을 고르세요.

① 새 운동화를 사면 운동화 끈을 끼워서 처음부터 매듭을 짓습니다.
② 감겨 있거나 엉클어진 실의 첫 부분이 실마리입니다.
③ '실마리'는 어떤 일이 꼬여 있을 때 그 일을 풀어내는 첫머리를 뜻하기도 합니다.

정답 : ① 새 운동화를 사면 운동화 끈을 끼워서 마지막에 매듭을 짓습니다.

같은 소리 다른 한자

소리가 같은 한자 **제(題, 祭)**에서 만들어진 낱말들입니다.

제(題) : 제목, 물음				
제목	문제	주제	과제물	숙제

제(祭) : 제사, 행사				
제사	축제	제물	제단	영화제

다음 보기에서 뜻이 같은 한자에서 만들어진 낱말들을 찾아 해당 빈칸에 써넣으세요.

보기:	주제, 제사, 과제물, 영화제, 제목, 제물, 문제, 축제

제목 **제(題)**	

제사 **제(祭)**	

다음 대립 낱말이 들어가는 문장을 써 보세요.

질서 혼란	

효 불효	

예의 무례	

칭찬 : 꾸중

칭찬과 꾸중이 사람을 강하게 만든다.

칭찬은 고래도 춤을 추게 한다는 말이 있습니다. 칭찬을 받으면 고래도 춤을 추는데 사람이 칭찬을 받으면 얼마나 좋을까요? 친구가 착한 일을 했을 때는 칭찬해 주어야 합니다. 그래야 그 친구도 여러분에게 칭찬을 하게 됩니다.

사람이 **칭찬**만 받으면서 살 수는 없지요. 나쁜 일을 하거나 자기가 해야 할 일을 하지 않았을 때는 **꾸중**도 들어야 합니다. 엄마, 아빠 또는 선생님이 꾸중을 하실 때는 여러분도 귀담아 듣고 잘못된 행동을 고치는 것이 바람직합니다. 어른들도 직장이나 사회에서 잘하면 칭찬을 받고 잘못하면 꾸중을 듣습니다. 때로는 칭찬보다 꾸중이 여러분의 미래에 도움이 되기도 합니다. 칭찬을 받았을 때는 겸손해야 하고 꾸중을 들었을 때는 당당해야 합니다. 한 번 꾸중을 들었다고 고개를 숙이지 말고 잘못을 고치면 다음부터는 다시 칭찬을 받게 됩니다. 여러분이 큰 칭찬을 받은 때와 심한 꾸중을 들은 때는 언제인가요?

다음 중 위 글에서 말하고자 하는 바는 무엇입니까?

① 칭찬만 받으면서 사는 것이 좋습니다.
② 칭찬보다 꾸중이 미래에 도움이 더 됩니다.
③ 성장하는데 있어 칭찬과 꾸중 둘 다 중요합니다.

정답 : ③ 칭찬과 꾸중이 사람을 강하게 만든다.

평가 문제

1. 다음의 낱말 중 사람의 감정을 나타내는 말이 <u>아닌</u> 것을 고르세요.

① 기쁘다   ② 부지런하다   ③ 슬프다   ④ 즐겁다

2. 다음 〈보기〉에서 설명하는 낱말을 고르세요.

> **보기:**   감겨 있거나 헝클어진 실의 첫머리

① 매듭   ② 실마리   ③ 혼란   ④ 무질서

3. 다음 〈보기〉 낱말에 쓰인 한자 제(題)의 뜻을 고르세요.

> **보기:**   문제, 숙제, 제목, 주제, 화제

① 아우   ② 차례   ③ 제사   ④ 제목

4. 다음의 낱말들 중 뜻이 같은 한자에서 만들어진 낱말이 <u>아닌</u> 것을 고르세요.

① 동의   ② 동화   ③ 신동   ④ 아동

5. 다음 예문의 빈칸에 알맞은 낱말을 보기에서 골라 넣으세요.

> **보기:**   게으른, 근면한, 무례한, 문외한, 불효, 효도

부모를 잘 섬기는 것이 효이고 자식이 자기 일을 다하지 못하면 ☐☐☐☐☐ 이다.

말투나 몸가짐이 존경을 표시하면 예의가 바른 것이고,

그렇지 않으면 예의가 없는 ☐☐☐☐☐ 것이다.

☐☐☐☐☐ 사람이 부지런한 사람보다 잘사는 일은 없다.

우리말 숫자 바로 쓰기

'10시 10분'은 왜 '열 시 십 분'이라고 읽을까?

우리말의 숫자는 표현이 매우 복잡합니다. 우리말에서는 아라비아 숫자 1, 2, 3 …, 한자어 일, 이, 삼 …, 그리고 고유어 하나, 둘, 셋 … 등으로 숫자를 표현합니다. 아라비아 숫자는 수학과 큰 수를 표현할 때 주로 쓰입니다. 한자어와 고유어는 그 쓰임새가 서로 다릅니다. 우리말에서 '10시 10분'은 앞은 고유어, 뒤는 한자어로 읽어서 '열 시 십 분'이라고 합니다. '10시 10분'을 '열 시 열 분' 또는 '십 시 십 분'이라고 읽지 않습니다. 우선 우리말 숫자 표현을 알아보기로 하겠습니다.

우리말 숫자 표현 1에서 10까지

숫자	1	2	3	4	5	6	7	8	9	10
한자	一	二	三	四	五	六	七	八	九	十
한자어	일	이	삼	사	오	육	칠	팔	구	십
고유어	하나	둘	셋	넷	다섯	여섯	일곱	여덟	아홉	열

주의해서 써야 하는 우리말 숫자

- 고유어에서 '하나/한'을 사용하는데 순서를 표시할 때는 '첫째, 첫 번째'를 사용합니다.
- 숫자 6과 10은 '6일, 10일, 6년, 10년'은 '육 일, 십 일, 육 년, 십 년'으로 읽고 '6월, 10월'은 '*육 월, *십 월'이 아니라 '유월, 시월'로 읽어야 합니다.

걸쳐 있는 숫자 표현

숫자 1-2 또는 3-4 등을 표시할 때 사용하는 말은 홀로 쓰일 때와 조금 다릅니다.

사자 1-2마리	사자 **한두** 마리	책 3-4권	책 **서너** 권
과자 2-4개	과자 **두서너** 개	학생 4-5명	학생 **네댓(다섯)** 명
장미 5-6송이	장미 **대여섯** 송이	커피 6-7잔	커피 **예닐곱** 잔

날을 표시하는 고유어

1일	2일	3일	4일	5일	6일	7일	8일	9일	10일
하루	이틀	사흘	나흘	닷새	엿새	이레	여드레	아흐레	열흘

10 이상의 숫자 배우기

사람의 나이를 읽을 때는 고유어를 주로 사용합니다. 초등학교 삼학년 학생의 나이는 '십 살'이 아닌 '열 살'이라고 해야 합니다. 100 이상의 숫자는 한자어만 사용합니다.

10	20	30	40	50	60	70	80	90
열	스물	서른	마흔	쉰	예순	일흔	여든	아흔
십	이십	삼십	사십	오십	육십	칠십	팔십	구십

100	200	500	1000	7000	10000	30000	80000	200000
백	이백	오백	천	칠천	만	삼만	팔만	이십만

모국어 열쇠 활용 문제

한자어와 고유어는 같은 숫자를 표현하지만 어디에 쓰이는가에 따라 둘 중 하나를 골라서 사용해야 합니다. 우리말의 숫자 표현을 알아보고 연습해 보기로 합시다. 다음 빈칸에 알맞은 우리말 숫자 표현을 써 보세요. 아라비아 숫자는 붙여 쓰고 우리말은 띄어 써야 합니다.

10시 10분		7월 6일	
10월 6일		6월 10일	
학생 40명		2일 동안	
사람 6-7명		돈 300원	
나이 32살		50일 여행	
15시 10분		꽃 2-3송이	
강아지 2-4마리		사과 4-5개	
커피 3-4잔		양말 4-5켤레	
135번		88만원	
1년 6개월		5달 동안	

17장

—

공동체

학습할 내용	공동체 관련 대립 어휘	같은 소리 다른 한자
		실(室) : 교실, 화장실, 오락실, 거실, 사무실
	글 읽고 이해하기 49. 관심 : 무관심	**실(實)** : 실제, 실천, 현실, 진실, 사실
	글 읽고 이해하기 50. 평등 : 차별	**명(明)** : 설명, 투명, 분명, 명랑, 문명
	글 읽고 이해하기 51. 유명 : 무명	**명(名)** : 명예, 유명, 명절, 성명, 무명

공개	비밀		유료	무료
가입	탈퇴		같음	다름
개인	사회		관심	무관심
다수	소수		평등	차별
공식	비공식		유명	무명

한 문장으로 배우는 낱말 뜻

여러 사람에게 널리 알림이 **공개**, 숨겨서 드러내지 않음이 **비밀**이다.

모임에 들어감이 **가입**이고 모임에서 빠져나옴이 **탈퇴**이다.

한 사람 한 사람 **개인**이 모여서 **사회**를 구성한다.

더 많은 쪽이 **다수**이고 적은 쪽이 **소수**이다.

공식 경기에서는 심판이 있지만 **비공식** 경기에는 없어도 된다.

고속도로는 돈을 내는 **유료** 도로이고 국도는 돈을 내지 않는 **무료** 도로이다.

학교에서는 학생들이 **같지** 않고 서로 **다르다**는 생각으로 지도해야 한다.

마음을 두어 주의를 기울임이 **관심**이고 그렇지 않음이 **무관심**이다.

고르고 한결같음이 **평등**이고 서로 등급을 매겨 차이를 둠이 **차별**이다.

공연장에 널리 알려진 **유명** 가수와 이름이 알려지지 않은 **무명** 가수가 함께 나왔다.

글 읽고 이해하기 49
난이도 중 〈사회〉
관심 : 무관심

따돌림 당하는 친구에게 관심을 가져야 합니다.

관심은 어떤 것에 마음이 끌려서 살펴보는 것이고 **무관심**은 관심이나 흥미가 없음을 뜻합니다. 친구들을 괴롭히거나 때리는 동료가 있다면 여러분은 어떻게 할 것인가요? 재미있다고 웃거나 박수를 치면 괴롭힌 친구는 잘한 일로 알고 더욱더 다른 친구들을 괴롭히게 됩니다. 그렇다고 아무 말도 하지 않고 무관심하게 내버려 두어도 똑같은 일이 벌어집니다.

학교나 교실에서 한 친구 또는 친구들을 괴롭히는 동료가 있을 때는 용감하게 나서서 친구에게 잘못된 일이라고 말해야 하고, 그래도 그치지 않으면 선생님께 말씀드려서 고치도록 해야 합니다. 그리고 다른 친구들과 함께 괴롭힘을 당한 친구에게 다가가서 다정하게 대해 주어야지요. 그래야 동료들을 괴롭히는 친구가 없어집니다. 함께 살아가는 동료들에게 늘 관심을 가지고 살아야 합니다. 여러분과 함께 사는 가족, 친척 그리고 동료들에게 관심을 갖고 나아가 세계에 살고 있는 모든 사람들에게 관심을 가져야 하지요.

다음 중 위 글의 내용과 일치하지 <u>않는</u> 것을 고르세요.

① 무관심은 관심이나 흥미가 없음을 뜻합니다.
② 괴롭힘을 당한 친구에게 관심을 가지고 다가가서 다정하게 대해 주어야 합니다.
③ 함께 살아가는 동료들과 가족에게만 관심을 가지면 됩니다.

정답 : ③ 가족, 친척 동료들에게 관심을 갖고 나아가 세계에 살고 있는 모든 사람들에게 관심을 가져야 합니다.

같은 소리 다른 한자

소리가 같은 한자 **실(室, 實)**에서 만들어진 낱말들입니다.

실(室) : 집, 방, 건물				
교실	화장실	오락실	사무실	거실

실(實) : 열매, 실제				
사실	실제	실천	현실	진실

다음 보기에서 뜻이 같은 한자에서 만들어진 낱말들을 찾아 해당 빈칸에 써넣으세요.

보기:	화장실, 오락실, 현실, 진실, 교실, 거실, 실제, 실천

집 실(室)	

열매 실(實)	

대립 어휘 찾기
뜻이 대립되는 어휘를 찾아 빈칸에 써 보세요.

공개 :
개방 / 열림 / 비밀 / 펼침

가입 :
탈퇴 / 추천 / 합격 / 지원

개인 :
각자 / 사회 / 사 / 공

다수 :
선수 / 횟수 / 소수 / 상당수

공식 :
착공식 / 비공식 / 준공식 / 방식

유료 :
재료 / 치료 / 의료 / 무료

같음 :
틀림 / 맞음 / 다름 / 균등

관심 :
무관심 / 눈길 / 이목 / 시선

평등 :
상이 / 대등 / 동등 / 차별

유명 :
무명 / 저명 / 비명 / 성명

글 읽고 이해하기
난이도 상 〈사회〉 50

평등 : 차별

사람은 누구나 평등합니다.

　차이를 두어서 구별함이 **차별**이고 차별하지 않고 고르게 한결같이 대함이 **평등**입니다. 학교에는 다양한 친구들이 모여서 함께 생활을 합니다. 어떤 친구는 영어와 수학을 잘해서 앞서 나가지만, 어떤 친구는 새로운 것을 배우는 속도가 느려서 잘 따라오지 못합니다. 그렇지만 학습 속도가 느린 친구들이 부족한 사람이 아닙니다. 각자 잘하는 것과 배우는 속도가 다를 뿐입니다.

　사람은 서로 다르지만 평등합니다. 공부든, 운동이든, 놀이든 잘하는 사람도 있고 못하는 사람도 있습니다. 사람마다 서로 다른 능력을 가지고 있습니다. 지금 학습을 잘 따라오지 못하거나 운동을 못하는 친구가 나중에 더 잘할 수도 있습니다. 여러분도 남보다 잘 못하는 것이 있을 겁니다. 다른 친구들이 그것을 가지고 여러분을 놀리거나 괴롭히면 좋지 않겠지요? 자신과 다르다는 이유로 다른 사람을 차별하지 않아야 합니다. 여러분은 친구들과 무엇이 다른가요?

다음 중 위 글의 내용과 일치하지 <u>않는</u> 것을 고르세요.

① 차별은 차이를 두어서 구별하는 것입니다.
② 평등은 차별하지 않고 고르게 한결같이 대하는 것입니다.
③ 자신보다 못한 사람은 차별해도 됩니다.

정답 : ③ 사람은 누구나 평등합니다.
모든 사람은 차별하지 않고 고르게 한결같이 대합니다.

같은 소리 다른 한자

소리가 같은 한자 **명(明, 名)**에서 만들어진 낱말들입니다.

명(明) : 밝다				
설**명**	투**명**	분**명**	문**명**	**명**랑

명(名) : 이름				
명예	유**명**	무**명**	**명**절	성**명**

다음 보기에서 뜻이 같은 한자에서 만들어진 낱말들을 찾아 해당 빈칸에 써넣으세요.

보기:	설명, 명절, 투명, 명랑, 명예, 유명, 성명, 분명

밝다 **명(明)**	

이름 **명(名)**	

다음 대립 낱말이 들어가는 문장을 써 보세요.

관심 무관심	

다수 소수	

유명 무명	

유명 : 무명

무명용사도 애국자입니다.

　사람의 이름이 널리 알려져 있으면 **유명**, 알려져 있지 않으면 **무명**입니다. 텔레비전에 자주 나와서 많은 사람들이 알고 있는 유명 가수도 있지만 노래를 잘해도 사람들이 알지 못하는 무명 가수도 있습니다.

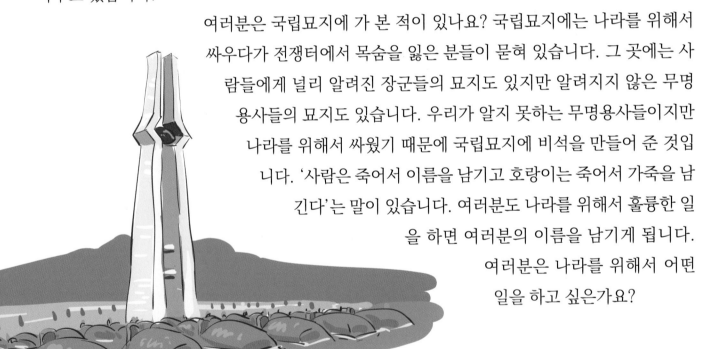

　여러분은 국립묘지에 가 본 적이 있나요? 국립묘지에는 나라를 위해서 싸우다가 전쟁터에서 목숨을 잃은 분들이 묻혀 있습니다. 그 곳에는 사람들에게 널리 알려진 장군들의 묘지도 있지만 알려지지 않은 무명 용사들의 묘지도 있습니다. 우리가 알지 못하는 무명용사들이지만 나라를 위해서 싸웠기 때문에 국립묘지에 비석을 만들어 준 것입니다. '사람은 죽어서 이름을 남기고 호랑이는 죽어서 가죽을 남긴다'는 말이 있습니다. 여러분도 나라를 위해서 훌륭한 일을 하면 여러분의 이름을 남기게 됩니다. 여러분은 나라를 위해서 어떤 일을 하고 싶은가요?

다음 중 위 글의 내용과 일치하지 <u>않는</u> 것을 고르세요.

① 사람의 이름이 널리 알려져 있으면 무명입니다.
② 국립묘지에는 나라를 위해서 싸우다가 전쟁터에서 목숨을 잃은 사람들이 묻혀 있습니다.
③ 무명용사들도 국립묘지에 비석을 만들어 줍니다.

정답: ① 사람의 이름이 널리 알려져 있으면 유명, 알려져 있지 않으면 무명입니다.

평가 문제

1. 다음의 낱말 중 평등과 유의 관계에 있지 <u>않은</u> 낱말을 고르세요.

① 균등   ② 대등   ③ 동등   ④ 차등

2. 다음 〈보기〉에서 설명하는 속담이나 격언을 고르세요.

> 보기: 사람이 살면서 의미 있는 훌륭한 일을 하면 죽은 뒤에도 명예를 떨칠 수 있음을 비유적으로 이르는 말.

① 백지장도 맞들면 낫다.   ② 사람은 죽어서 이름을 남기고 호랑이는 죽어서 가죽을 남긴다.
③ 호랑이도 제 말 하면 온다.   ④ 낫 놓고 기역 자도 모른다.

3. 다음 〈보기〉 낱말에 쓰인 한자 명(名)의 뜻을 고르세요.

> 보기: 명예, 명절, 무명, 별명, 성명

① 이름   ② 밝다   ③ 울다   ④ 목숨

4. 다음의 낱말들 중 뜻이 같은 한자에서 만들어진 낱말이 <u>아닌</u> 것을 고르세요.

① 거실   ② 교실   ③ 진실   ④ 화장실

5. 다음 예문의 빈칸에 알맞은 낱말을 보기에서 골라 넣으세요.

> 보기: 공개, 무료, 무명, 비공개, 익명, 전용

여러 사람에게 널리 알림이   , 숨겨서 드러내지 않음이 비밀이다.

고속도로는 돈을 내는 유료 도로이고 국도는 돈을 내지 않는   도로이다.

널리 알려진 가수는 유명 가수이고 이름이 알려지지 않은 가수는   가수이다.

18장

수학

학습할 내용

수학 관련 대립 어휘

글 읽고 이해하기 52. 구 : 원

글 읽고 이해하기 53. 가로 : 세로

글 읽고 이해하기 54. 시침 : 분침

같은 소리 다른 한자

반(半) : 한반도, 후반, 과반수, 반원, 반지름

반(反) : 반대, 반복, 반응, 반성, 위반

소(小) : 축소, 소규모, 소형, 소인, 소설

소(少) : 감소, 소년, 다소, 소녀, 청소년

홀수	짝수	수직선	수평선
합	차	지름	반지름
곡선	직선	삼각형	사각형
시침	분침	가로	세로
구	원	선	점

한 문장으로 배우는 낱말 뜻

1, 3, 5, 7, 9가 **홀수**이고, 2, 4, 6, 8, 10이 **짝수**이다.

5와 3의 **합**은 8이고, **차**는 2이다.

반듯한 선이 **직선**이고 굽은 선이 **곡선**이다.

시간을 가리키는 작은 바늘이 **시침**, 분을 가리키는 큰 바늘이 **분침**이다.

야구공, 농구공, 축구공이 **구**이고, 동그라미가 **원**이다.

위에서 아래로 그은 선이 **수직선**, 좌에서 우로 그은 선이 **수평선**이다.

원의 중심을 지나서 둘레까지 이르는 선분이 **지름**, 둘레에서 중심까지가 **반지름**이다.

삼각형에는 세 개의 각이, **사각형**에는 네 개의 각이 있다.

왼쪽에서 오른쪽으로 나 있는 방향이 **가로**, 위에서 아래로 나 있는 방향이 **세로**이다.

길이가 있는 금이나 줄이 **선**이고 **점**이 모여서 선이 된다.

구 : 원

왜 운동 경기에서 사용하는 공은 구일까?

훌라후프나 농구 골대와 같이 동그랗게 생긴 것이 **원**이고, 축구공, 야구공, 농구공처럼 부피가 있는 것이 **구**입니다. 원은 아주 동그란 것도 있지만 계주를 하는 운동장처럼 타원도 있지요. 동그란 원은 한가운데서 같은 거리에 있는 점을 연결한 도형입니다. 한가운데 있는 점이 원의 중심이고 중심에서 원의 둘레까지의 거리가 반지름이지요. 원의 한 점에서 중심을 지나서 반대편 점까지의 거리가 지름입니다. 그래서 지름은 반지름의 두 배가 됩니다.

운동 경기에서 사용하는 대부분의 공은 구로 만들었지요. 그 이유는 구는 땅이나 바닥에 닿는 면적이 작아서 쉽게 튀어 오르기 때문이지요. 공과 다르게 바닥 면적이 큰 물체는 땅에서 잘 튀어 오르지 않지요. 그리고 어느 곳으로 튀어 오를지 알 수 없어요. 그래서 운동 경기에서 사용하는 공은 구로 되어 있어요. 반면 럭비에서 사용하는 공은 구가 아니어서 어디로 튈지 알 수 없지요.

다음 중 위 글의 내용과 일치하지 않는 것을 고르세요.

① 원과 구는 다릅니다.
② 원의 중심에서 원의 둘레까지의 거리가 지름입니다.
③ 운동 경기에서 사용하는 대부분의 공은 구입니다.

정답 : ② 중심에서 원의 둘레까지의 거리는 반지름입니다.
원의 한 점에서 중심을 지나서 반대편 점까지의 거리가 지름입니다.

같은 소리 다른 한자

소리가 같은 한자 **반(半, 反)**에서 만들어진 낱말들입니다.

반(半) : 반, 가운데				
반지름	한**반**도	후**반**	과**반**수	**반**원

반(反) : 되돌리다, 뒤엎다				
위**반**	**반**대	**반**복	**반**응	**반**성

다음 보기에서 뜻이 같은 한자에서 만들어진 낱말들을 찾아 해당 빈칸에 써넣으세요.

보기: 한반도, 후반, 과반수, 반원, 반대, 반복, 반응, 반성

반 **반(半)**	

되돌리다 **반(反)**	

대립 어휘 찾기
뜻이 대립되는 어휘를 찾아 빈칸에 써 보세요.

홀수 :
실수 / 소수 / 횟수 / 짝수

합 :
합계 / 차 / 총합 / 종합

곡선 :
시선 / 노선 / 직선 / 전선

시침 :
독침 / 분침 / 일침 / 군침

구 :
원 / 도형 / 수학 / 부피

수직선 :
광선 / 기준선 / 꺾은선 / 수평선

지름 :
직경 / 가로 / 세로 / 반지름

삼각형 :
사각형 / 도형 / 세모 / 숫자

가로 :
기로 / 선로 / 세로 / 경로

선 :
점 / 경계선 / 열 / 행

글 읽고 이해하기
난이도 **상 〈수학〉**

53

가로 : 세로

생활 속 가로와 세로

　반듯한 선이 직선이고 구부러진 선이 곡선입니다. 왼쪽에서 오른쪽으로 나 있는 방향이나 길이가 **가로**이고 위에서 아래로 나 있는 방향이나 길이가 **세로**입니다. 십자가에는 가로와 세로가 모두 있습니다. 하늘과 바다가 맞닿아 마치 직선처럼 보이는 것이 수평선입니다. 수직선은 평면이나 직선과 직각을 이루는 선입니다. 가로와 세로, 수평선과 수직선은 서로 다른 개념입니다.

　가로와 세로는 우리 생활 속에도 녹아 있어요. 우리가 입는 옷은 가로와 세로로 실을 엮어서 옷감을 만듭니다. 모눈종이도 가로와 세로로 선을 그어서 만들었지요. 한글을 배울 때 글자를 쓰는 네모 빈칸도 가로와 세로가 만들어낸 모양입니다. 가로와 세로는 우리 생활 여기저기에 숨겨져 있습니다. 여러분 주변에서 가로와 세로로 이루어진 것을 찾아보세요.

다음 중 위 글의 내용과 일치하지 <u>않는</u> 것을 고르세요.

① 왼쪽에서 오른쪽으로 나 있는 방향이나 길이가 가로입니다.
② 세로는 오른쪽에서 왼쪽으로 나 있는 선이나 길이입니다.
③ 옷은 가로와 세로로 실을 엮어서 옷감을 만듭니다.

정답 : ② 세로는 위에서 아래로 나 있는
방향이나 길이입니다.

같은 소리 다른 한자

소리가 같은 한자 **소(小, 少)**에서 만들어진 낱말들입니다.

소(小) : 작다				
축소	소설	소규모	소형	소인

소(少) : 적다				
감소	소년	다소	청소년	소녀

다음 보기에서 뜻이 같은 한자에서 만들어진 낱말들을 찾아 해당 빈칸에 써넣으세요.

보기:	소규모, 감소, 소형, 소녀, 축소, 소인, 소년, 다소

작다 소(小)	

적다 소(少)	

다음 대립 낱말이 들어가는 문장을 써 보세요.

홀수 짝수	

곡선 직선	

선 점	

글 읽고 이해하기

난이도 상 〈수학〉

54

시침 : 분침

작은 시계 바늘이 한 바퀴 돌면 큰 바늘은 얼마나 갈까?

커다란 벽시계에는 작은 바늘, 큰 바늘 그리고 아주 가는 바늘이 있습니다. 작은 바늘이 **시침**, 큰 바늘이 **분침**, 가장 가는 바늘이 초침입니다. 초침은 1초마다 움직여서 우리 눈으로 그 움직임을 볼 수 있지만, 분침과 시침은 언제 움직이는지 잘 알아차리지 못하지요. 초침이 한 바퀴 돌면 분침이 한 눈금 옮겨 갑니다. 1초에 한 번씩 움직이는 초침은 한 바퀴를 돌기 위해 60번을 움직입니다. 즉, 1분은 초침이 한 바퀴 도는 데에 걸리는 시간으로 60초입니다.

큰 바늘이 한 바퀴를 돌면 60분입니다. 60분은 한 시간입니다. 그래서 큰 바늘이 한 바퀴 돌면 작은 바늘의 숫자가 하나씩 옮겨갑니다. 1에 있던 작은 바늘은 큰 바늘이 한 바퀴 돌면 2로 옮겨가지요. 다시 큰 바늘이 한 바퀴 돌면 3으로 가 있지요. 벽에 걸린 시계를 내려서 여러분이 직접 분침을 돌리면서 시침의 움직임을 관찰해 보세요.

다음 중 위 글의 내용과 일치하지 않는 것을 고르세요.

① 벽시계에는 작은 바늘, 큰 바늘 그리고 아주 가는 바늘이 있습니다.
② 초침이 한 바퀴 돌면 분침이 한 눈금 옮겨 갑니다.
③ 큰 바늘이 한 눈금 움직이면 60분입니다.

정답 : ③ 큰 바늘이 한 바퀴를 돌아야 60분입니다.
60분입니다. 한 눈금은 1분입니다.

평가 문제

1. 다음의 운동 중 구기 종목이 <u>아닌</u> 것을 고르세요.

① 농구   ② 배구   ③ 복싱   ④ 핸드볼

2. 다음 〈보기〉에서 설명하는 낱말을 고르세요.

보기:	하늘과 바다가 맞닿아 경계를 이루는 선.

① 지평선   ② 수평선   ③ 수직선   ④ 곡선

3. 다음 〈보기〉 낱말에 쓰인 한자 반(反)의 뜻을 고르세요.

보기:	반대, 반복, 반응, 반성, 위반

① 절반   ② 나누다   ③ 되돌리다   ④ 밥

4. 다음의 낱말들 중 뜻이 같은 한자에서 만들어진 낱말이 <u>아닌</u> 것을 고르세요.

① 소규모   ② 소형   ③ 청소년   ④ 축소

5. 다음 예문의 빈칸에 알맞은 낱말을 보기에서 골라 넣으세요.

보기:	나머지, 분침, 삼각형, 정사각형, 차, 초침

5와 3의 합은 8이고, ☐☐☐☐☐ 는 2이다.

시간을 가리키는 작은 바늘이 시침이고, 분을 가리키는 큰 바늘이 ☐☐☐☐☐ 이다.

☐☐☐☐☐ 에는 세 개의 각과 세 개의 선분이 있고,

사각형에는 네 개의 각과 네 개의 선분이 있다.

기본형 활용

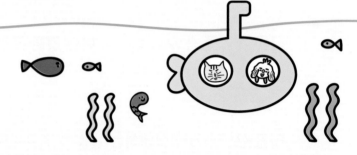

기본형과 바꾸어 쓰기

우리는 낱말의 기본형을 활용하여 다양하게 사용합니다. '읽는/읽은/읽을/읽고/읽어서/읽었다/읽기/읽음'은 기본형 '읽다'에서 만든 말이고, '높은/높고/높이/높음'은 기본형 '높다'에서 생긴 말입니다. 낱말의 기본형을 활용해서 여러 가지 표현을 만드는 방법을 알아보기로 하겠습니다.

기본형 + 기

다음 낱말의 기본형에서 '**-다**'를 제거하고 '**기**'를 붙여 사용할 수 있습니다.

기본형	+ 기	기본형	+ 기
걷다	걷기	말하다	말하기
듣다	듣기	던지다	던지기
쓰다	쓰기	짓다	짓기
읽다	읽기	달리다	달리기

기본형 + 이

다음 낱말의 기본형에서 '**-다**'를 제거하고 '**-이**'를 붙여서 사용할 수 있습니다.

기본형	+ 이	기본형	+ 이
높다	높이	먹다	먹이
길다	길이	풀다	풀이
넓다	넓이	다듬다	다듬이
깊다	깊이	벌다	벌이

기본형 + -ㅁ/-음

기본형에서 '**-다**'를 제거하고 '**ㅁ/음**'을 붙여서 다른 낱말을 만들 수 있습니다.

기본형	ㅁ/-음 명사형	기본형	-ㅁ/-음 명사형
자다	잠	걷다	걸음
꾸다	꿈	얼다	얼음
구부리다	구부림	세다	셈
웃다	웃음	믿다	믿음
울다	울음	떨리다	떨림
맺다	맺음	울리다	울림

모국어 열쇠 활용 문제

다음 낱말의 기본형에서 '-다'를 제거하고 우리가 사용하는 말을 만들어 보세요.

기본형	새로운 말	기본형	새로운 말
먹다		보다	
맺다		얼다	
말하다		높다	
던지다		넓다	
읽다		울다	
자다		듣다	

19장

감정과 성격

유쾌한	불쾌한	순하다	독하다
고통	쾌락	능동적	수동적
희망	절망	포악한	온순한
명랑하다	우울하다	용감한	비겁한
소심하다	대담하다	적극적	소극적

한 문장으로 배우는 낱말 뜻

즐겁고 기쁘면 **유쾌하고** 못마땅하여 기분이 나쁘면 **불쾌하다**.

몸이나 마음이 아프고 괴로우면 **고통**이고 유쾌하고 즐거우면 **쾌락**이다.

미래에 좋은 일을 바라면 **희망**이고 희망이 없으면 **절망**한다.

즐거울 때는 밝고 **명랑**해지지만 걱정이 많으면 어둡고 **우울**해진다.

지나치게 조심하고 작은 일에 마음을 쓰면 **소심하고** 겁이 없고 용감하면 **대담하다**.

순한 사람은 남의 말을 잘 따르지만 **독한** 사람은 마음 먹은 일을 끝까지 해낸다.

스스로 자기 일을 하는 사람은 **능동적**이고, 남이 시키는 일만 하면 **수동적**이다.

사자와 표범은 **포악**하지만 사슴과 기린은 **온순**하다.

용감한 군인은 적을 무찌르지만 **비겁한** 자는 꽁무니를 빼고 도망친다.

적극적인 학생은 능동적으로 학습을 하고 **소극적**인 학생은 시키는 공부만 한다.

희망 : 절망

희망에는 끝이 없다.

　미래에 어떤 좋은 일이 있을 것이라고 생각하면 **희망**이고, 바라볼 것이 없어서 꿈이 없으면 **절망**입니다. 한 소년이 집이 가난해서 맛있는 음식도 먹지 못하고, 좋은 옷을 입지 못해도 미래에 반드시 성공하겠다는 희망을 가지고 열심히 공부했습니다. 다른 친구들이 놀고 있을 때 그 소년은 소가 먹을 풀을 베었고, 밭에 가서 엄마, 아빠를 도와서 풀을 뽑았습니다. 돈이 없어서 참고서를 살 수도 없었고 학원에 다닐 수도 없었지요. 그렇지만 학교에서 선생님 말씀을 귀 기울여 들었고 밤에는 집에서 복습을 했습니다.

　그 소년은 중학교에 가고 고등학교에 가서도 일하면서 공부를 했지만 다른 친구들보다 훨씬 잘했습니다. 마침내 장학금을 받고 대학에 들어가서 좋은 회사에서 일을 하게 되었습니다. 어려운 가정 형편에서도 절망하지 않고 끝까지 희망을 가지고 노력한 덕분이지요. 희망을 가지고 노력하면 이루지 못할 일이 없습니다. 여러분도 희망과 꿈을 가지면 반드시 이루어집니다. 여러분의 꿈은 무엇인가요?

다음 중 위 글에서 말하고자 하는 바는 무엇입니까?

① 희망은 미래에 어떤 좋은 일이 있을 것으로 생각하는 것입니다.
② 희망과 절망을 가지고 살아야 합니다.
③ 희망을 가지고 노력한다면 꿈을 이룰 수 있습니다.

ⓒ : 답정

같은 소리 다른 한자

소리가 같은 한자 **감(感, 監)**에서 만들어진 낱말들입니다.

감(感) : 느끼다				
감동	감사	감정	독감	책임감

감(監) : 보다, 살피다				
감독	교감	교육감	감옥	감시

다음 보기에서 뜻이 같은 한자에서 만들어진 낱말들을 찾아 해당 빈칸에 써넣으세요.

보기: 감옥, 감정, 교감, 감시, 감동, 감사, 독감, 감독

느끼다 **감(感)**

보다 **감(監)**

대립 어휘 찾기
뜻이 대립되는 어휘를 찾아 빈칸에 써 보세요.

유쾌한 :
상쾌한 / 통쾌한 / 불쾌한 / 기쁜

순하다 :
같이하다 / 절하다 / 독하다 / 곱다

고통 :
쾌락 / 슬픔 / 낙담 / 괴로움

능동적 :
논리적 / 수동적 / 적극적 / 이국적

희망 :
포부 / 절망 / 소원 / 가능성

포악한 :
악독한 / 영악한 / 난폭한 / 온순한

명랑하다 :
유쾌하다 / 밝다 / 발랄하다 / 우울하다

용감한 :
기운찬 / 비겁한 / 씩씩한 / 용맹한

소심하다 :
조용하다 / 대담하다 / 의기소침하다 / 힘내다

적극적 :
소극적 / 능동적 / 건설적 / 윤리적

글 읽고 이해하기
난이도 중 〈통합〉 **56**

용감 : 비겁

용감한 사람은 불의를 보고 참지 않는다.

용감한 사람은 씩씩하고 기운이 있고 **비겁**한 사람은 겁이 많고 옳지 못한 일을 보고도 못 본 척합니다. 용감한 학생은 학교에서 몸이 약하거나 불편한 친구를 괴롭히는 학생에게 그런 짓을 하지 말라고 말합니다. 괴롭히는 친구가 더 크고 힘이 세지만 용감한 사람은 그것을 두려워하지 않습니다. 비겁한 사람은 힘이 세고 키가 큰 학생 편을 들어줍니다. 그리고 잘못된 행동을 보고도 못 본 체하거나 함께 나쁜 짓을 하지요.

전쟁에서도 용감한 병사는 씩씩하게 나가서 싸우지만 비겁한 병사는 꽁무니를 빼고 숨어서 혼자 살려고 합니다. 전쟁에서 용감하게 싸우는 사람은 살아남아도 비겁한 사람은 살아남지 못합니다. 전쟁에서 용감하게 싸우다 죽은 사람은 죽어서도 사람들이 존경하지만 비겁한 사람은 살아서도 끝까지 사람들에게 손가락질을 받게 됩니다. 여러분은 용감한 사람인가요?

다음 중 위 글의 내용과 일치하지 <u>않는</u> 것을 고르세요.

① 비겁한 사람은 올바른 일을 보고도 못 본 척합니다.
② 전쟁에서는 용감한 병사도 꽁무니를 빼고 숨어서 자기만 살려고 합니다.
③ 전쟁에서 용감하게 싸우다 죽은 사람은 죽어서도 사람들이 존경합니다.

정답 : ② 용감한 병사는 씩씩하게 나가서 싸우지만 비겁한 병사는 꽁무니를 빼고 숨어서 혼자 살려고 합니다.

같은 소리 다른 한자

소리가 같은 한자 **악(樂, 惡)**에서 만들어진 낱말들입니다.

악(樂) : 노래, 악기				
음악	농악	악기	관현악	국악
악(惡) : 미워하다, 악하다				
악마	최악	선악	악용하다	악몽

다음 보기에서 뜻이 같은 한자에서 만들어진 낱말들을 찾아 해당 빈칸에 써넣으세요.

보기:	선악, 악용하다, 악기, 악몽, 음악, 관현악, 국악, 악마

노래 **악(樂)**	

악하다 **악(惡)**	

다음 대립 낱말이 들어가는 문장을 써 보세요.

절망 희망	

용감한 비겁한	

순하다 독하다	

글 읽고 이해하기 57 난이도 중 〈통합〉 능동 : 수동

능동적인 사람이 성공한다.

스스로 내켜서 움직이거나 행동하면 **능동**이고 스스로 움직이지 않고 남의 말이나 다른 힘에 의해 움직이면 **수동**입니다. 능동적인 사람은 어떤 일을 할 때 앞에 나서서 열심히 하려고 노력합니다. 교실과 복도에 쓰레기가 있을 때 누가 시키지 않아도 주워서 쓰레기통에 버리면 능동적인 행동입니다. 쓰레기를 보고도 줍지 않고 선생님이 시켜야 줍는 것은 수동적인 행동이지요.

어려서부터 스스로 알아서 행동하는 능동적 생활 습관을 길러야 합니다. 스스로 하지 않고 선생님과 부모님이 시키는 일만 하는 수동적 생활 태도는 좋지 않습니다. 나중에 여러분이 성장해서 어른이 되었을 때도 초등학교 시절의 능동적, 수동적 생활 습관이 나타납니다. 능동적 생활을 하는 사람은 동료와 주변 사람들에게 존경을 받게 됩니다. 여러분은 능동적으로 생활하는 사람인가요?

다음 중 위 글의 내용과 일치하지 <u>않는</u> 것을 고르세요.

① 스스로 움직이지 않고 남의 말이나 다른 힘에 의해 움직이면 능동입니다.
② 어려서부터 스스로 알아서 행동하는 습관을 길러야 합니다.
③ 어른이 되었을 때도 초등학교 시절의 능동적, 수동적 생활 습관이 나타납니다.

정답 : ① 스스로 내켜서 움직이거나 행동하면 능동이고 스스로 움직이지 않고 남의 말이나 다른 힘에 의해 움직이면 수동입니다.

평가 문제

1. 다음의 낱말 중 유의 관계에 있지 <u>않은</u> 낱말을 고르세요.

① 꿈   ② 비관   ③ 비전   ④ 희망

2. 다음 〈보기〉에서 설명하는 관용구를 고르세요.

보기:	슬그머니 피하여 달아나거나 도망치다.

① 꽁지 빠진 새 같다.   ② 꼬리 내리다.

③ 꼬리에 꼬리를 물다.   ④ 꽁무니를 빼다.

3. 다음 〈보기〉 낱말에 쓰인 한자 감(感)의 뜻을 고르세요.

보기:	감동, 감사, 감정, 독감, 책임감

① 보다   ② 느끼다   ③ 덜다   ④ 달다

4. 다음의 낱말들 중 뜻이 같은 한자에서 만들어진 낱말이 <u>아닌</u> 것을 고르세요.

① 국악   ② 악기   ③ 악마   ④ 음악

5. 다음 예문의 빈칸에 알맞은 낱말을 보기에서 골라 넣으세요.

보기:	독한, 수동적, 유쾌, 적극적, 절망, 착한

즐겁고 기쁘면 [　　　　] 하고 못마땅하여 기분이 나쁘면 불쾌하다.

순한 사람은 남의 말을 잘 따르지만 [　　　　] 사람은 마음 먹은 일을 끝까지 해낸다.

[　　　　] 인 학생은 능동적으로 학습을 하고 소극적인 학생은 시키는 공부만 한다.

건강과 삶

학습할 내용

같은 소리 다른 한자

만(萬) : 수백만, 만세, 반만년, 만물박사, 수천만

만(滿) : 만족, 비만, 만점, 만발, 불만족

안(安) : 편안, 안전, 안심, 안녕, 불안

안(眼) : 안경, 안과, 안약, 안대, 색안경

건강한	쇠약한		진찰	처방
음주	금주		의사	간호사
흡연	금연		뚱뚱한	날씬한
외과	내과		시각	청각
요람	무덤		삶	죽음

한 문장으로 배우는 낱말 뜻

건강한 사람은 튼튼하지만 **쇠약한** 사람은 힘이 없다.

술을 마시는 것이 **음주**이고 술을 끊는 것이 **금주**이다.

담배를 피우면 **흡연**이고 끊으면 **금연**이다.

외과에서 뼈와 척추를 치료하고 **내과**에서 폐와 위를 치료한다.

사람은 태어나면 **요람**에서 크고 죽으면 **무덤**에 묻힌다.

의사가 **진찰**을 하고 나서 수술을 할지 약을 먹을지 **처방**한다.

병을 치료하는 사람이 **의사**이고 의사를 돕는 사람이 **간호사**이다.

고기를 먹고 잠만 자면 **뚱뚱해**지지만 고기와 야채를 적당히 먹고 운동하면 **날씬해**진다.

눈으로 보는 감각이 **시각**이고, 귀로 듣는 감각이 **청각**이다.

사람은 **삶**이 끝나면 **죽음**에 이른다.

글 읽고 이해하기
난이도 상 〈통합〉
58

내과 : 외과

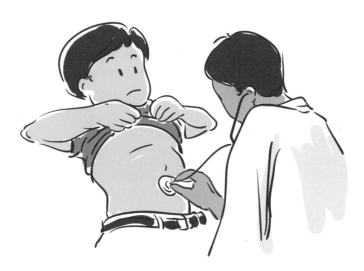

내과와 외과 의사는 어떤 병을 고칠까?

의사는 사람의 병을 고치는 일을 하는 사람입니다. 한 사람의 의사가 모든 병을 고치는 것이 아니라 의사마다 고칠 수 있는 병이 다릅니다. **내과** 의사는 우리 몸 안의 병을 고치는 사람이고, **외과** 의사는 우리 눈으로 볼 수 있는 병을 고치는 사람입니다. 사람이 음식을 먹으면 입을 통해서 위로 들어가고, 위에서 소화가 되고 나면 창자로 들어갑니다. 또한 우리 몸에는 피가 흐르지요. 소화하는 곳, 피가 흐르는 곳에 병이 생기면 내과에 가야 합니다.

교통사고를 당해서 팔다리가 부러졌을 때는 외과를 찾아가야 합니다. 외과에서는 내과보다 수술을 많이 합니다. 외과 중에는 사람의 얼굴을 바꾸어 주는 성형외과도 있지요. 눈에 병이 있으면 안과, 코, 귀, 목구멍 등이 아플 때는 이비인후과를 찾아가야 합니다. 병원에 가서 어떤 의사들이 있는지 한번 알아보세요. 여러분이 의사가 되면 어떤 병을 고치고 싶은가요?

다음 중 위 글의 내용과 일치하지 <u>않는</u> 것을 고르세요.

① 한 사람의 의사가 모든 병을 고치는 것은 아닙니다.
② 내과 의사는 우리 눈에 볼 수 있는 병을 고치는 사람입니다.
③ 팔다리가 부러졌을 때는 외과를 찾아가야 합니다.

정답 : ② 내과 의사는 우리 몸 안의 병을 고치는 사람입니다.

같은 소리 다른 한자

소리가 같은 한자 **만(萬, 滿)**에서 만들어진 낱말들입니다.

만(萬) : 일만, 모든				
수백**만**	**만**세	반**만**년	**만**물박사	수천**만**

만(滿) : 만족, 차다, 가득하다				
불**만**족	**만**족	비**만**	**만**점	**만**발

다음 보기에서 뜻이 같은 한자에서 만들어진 낱말들을 찾아 해당 빈칸에 써넣으세요.

보기:	반만년, 비만, 만물박사, 만점, 만발, 수백만, 만세, 만족

일만 **만(萬)**	

차다 **만(滿)**	

대립 어휘 찾기 뜻이 대립되는 어휘를 찾아 빈칸에 써 보세요.

건강한 : [   ]
건전한 / 튼튼한 / 쇠약한 / 강건한

음주 : [   ]
금주 / 맥주 / 연주 / 약주

흡연 : [   ]
자연 / 인연 / 출연 / 금연

외과 : [   ]
병원 / 일과 / 내과 / 성과

요람 : [   ]
삶 / 무덤 / 탄생 / 생명

진찰 : [   ]
진단 / 진맥 / 처방 / 의사

의사 : [   ]
간호사 / 선생님 / 직업 / 꿈

뚱뚱한 : [   ]
비만 / 질병 / 살찐 / 날씬한

시각 : [   ]
생각 / 청각 / 조각 / 감각

삶 : [   ]
죽음 / 생일 / 탄생 / 아기

글 읽고 이해하기 59
난이도 중 〈통합〉

진찰 : 처방

의사는 어떻게 사람의 병을 알아낼까?

병원에 가면 의사가 환자의 가슴에 청진기를 대고 환자의 몸 상태를 살핍니다. 청진기는 환자의 몸에서 발생하는 소리를 듣는 기구입니다. 의사는 청진기를 이용하여 환자의 심장이 잘 뛰고 있는지 확인할 수 있지요. 이렇게 의사가 환자에게 어떤 병이 있는지 알아보는 것이 **진찰**입니다. 의사가 환자의 몸을 만져 보고, 체온을 재고, 환자에게 여러 가지 동작을 시키는 것도 환자의 병을 알아내기 위한 진찰 방법입니다.

의사가 진찰을 하고 나면 환자에게 처방을 합니다. 의사는 환자의 상태에 따라서 수술, 물리치료 또는 주사를 **처방**합니다. 환자는 의사의 처방에 따르면 됩니다. 가벼운 감기에 걸렸을 때나 상처가 났을 때는 의사가 약을 처방해 줍니다. 의사가 써 준 처방전을 약국에 내면 약을 살 수 있습니다. 여러분은 혼자서 병원에 가 본 적이 있나요?

다음 중 위 글의 내용과 일치하지 않는 것을 고르세요.

① 청진기는 의사가 환자의 몸 상태를 살필 때 사용합니다.
② 청진기는 환자의 몸에서 발생하는 소리를 듣는 기구입니다
③ 의사는 환자에게 처방을 한 후 진찰을 합니다.

같은 소리 다른 한자

소리가 같은 한자 **안(安, 眼)**에서 만들어진 낱말들입니다.

안(安) : 편안, 안전				
편안	안전	불안	안심	안녕

안(眼) : 눈				
안경	안과	색안경	안약	안대

다음 보기에서 뜻이 같은 한자에서 만들어진 낱말들을 찾아 해당 빈칸에 써넣으세요.

보기:	안녕, 안경, 안과, 안약, 편안, 안심, 안대, 안전

편안 **안(安)**	

눈 **안(眼)**	

다음 대립 낱말이 들어가는 문장을 써 보세요.

음주 금주	

시각 청각	

삶 죽음	

글 읽고 이해하기
난이도 중 〈통합〉 **60**

시각 : 청각

장애는 단지 불편할 뿐이다.

눈을 통해 빛의 자극을 알아내는 감각이 **시각**이고, 귀로 소리를 듣는 감각이 **청각**입니다. 보통 사람들은 시각과 청각에 문제가 없어서 눈으로 세상을 보고, 귀로 소리를 듣지요. 그런데 시각과 청각에 병이나 문제가 있어서 보지 못하고 듣지 못하는 사람들이 있습니다. 바로 시각 장애인과 청각 장애인입니다. 태어날 때부터 시각이나 청각 장애가 있는 경우도 있지만, 사고를 당해서 시각과 청각을 잃어버리는 경우도 있습니다.

시각 또는 청각 장애인이 보지 못하고 듣지 못한다고 놀리거나 차별하지 않아야 합니다. 그들은 단지 눈과 귀에 장애가 있을 뿐이지 다른 사람과 다르지 않습니다. 수학을 못하거나, 운동을 못하거나, 노래를 못하는 사람도 있습니다. 사람들이 그것을 못한다고 수학 장애인, 운동 장애인,

노래 장애인이라고 놀리거나 차별하지 않습니다. 어떤 것을 잘 못하면 잘하는 것을 하면서 살면 됩니다. 시각 장애인과 청각 장애인도 그들이 잘하는 일을 할 수 있도록 여러분이 도와주어야 합니다.

① 귀로 소리를 듣는 감각은 청각입니다.
② 시각과 청각 장애인으로 태어나는 경우는 없습니다.
③ 시각과 청각 장애인이 잘하는 일을 할 수 있도록 도와주어야 합니다.

평가 문제

1. 다음의 낱말 중 이비인후과와 관계가 없는 것을 고르세요.

① 귀   ② 눈   ③ 목구멍   ④ 코

2. 다음 〈보기〉에서 설명하는 낱말을 고르세요.

보기:	신체 기관(눈, 코, 귀, 혀, 피부 등)을 통해 안팎의 자극을 알아차림.

① 시각   ② 청각   ③ 후각   ④ 감각

3. 다음 〈보기〉 낱말에 쓰인 한자 만(滿)의 뜻을 고르세요.

보기:	불만, 만족, 비만, 만료, 충만

① 일만   ② 늦다   ③ 차다   ④ 거만하다

4. 다음의 낱말들 중 뜻이 같은 한자에서 만들어진 낱말이 아닌 것을 고르세요.

① 안경   ② 안녕   ③ 안전   ④ 편안

5. 다음 예문의 빈칸에 알맞은 낱말을 보기에서 골라 넣으세요.

보기:	내과, 부활, 삶, 정형외과, 진찰, 처치

외과에서 뼈와 척추를 치료하고 [　　　　　　　] 에서 폐와 위를 치료한다.

의사가 [　　　　　　　] 을 하고 나서 수술을 할지 약을 먹을지 처방한다.

사람은 [　　　　　　　] 이 끝나면 죽음에 이른다.

단위 명사 표현 배우기

단위 명사란 무엇인가?

우리는 '책 3권, 나무 열 그루, 꽃 한 다발, 고기 5킬로그램'과 같이 물건에 서로 다른 표현을 사용합니다. '권, 그루, 다발, 킬로그램'과 같이 수와 양을 나타내는 표현을 '단위 명사'라고 합니다.

우리말에는 매우 다양한 단위 명사 표현이 발달되어 있습니다. 올바른 단위 명사를 쓰지 않고 '장미 한 개, 커피 두 개, 신발 두 개'와 같이 그릇된 표현을 사용하지 않아야 합니다.

단위 명사 띄어쓰기

올바른 단위 명사를 사용하는 것도 중요지만 단위 명사를 사용할 때는 띄어쓰기에 주의해야 합니다. 단위 명사를 아라비아 숫자와 함께 쓸 때는 띄어쓰기를 하지 않습니다. 그렇지만 한, 두, 세 등의 우리말과 쓸 때는 반드시 띄어쓰기를 해야 합니다. 단위 명사와 함께 쓸 때는 아라비아 숫자보다 우리말을 쓰는 습관을 들이는 것이 좋습니다.

올바른 띄어쓰기	잘못된 띄어쓰기
연필 10자루	연필 10 자루
장미 1송이	장미 1 송이
나무 열 그루	나무 열그루
사자 세 마리	사자 세마리

단위 명사 표현 1

나무, 물건, 동물, 커피 등의 수와 양을 표현할 때 사용하는 단위 명사입니다.

나무	그루	신발/양말/장갑	켤레
물건	개	배	척
책	권	동물	마리

사람	명		연필	자루
자동차/자전거	대		맥주/소주	병
빵/피자	조각		커피/차	잔
종이	장		옷	벌
아파트/집	채		거리	미터/킬로미터

단위 명사 표현 2

음식이나 과일에 사용하는 단위 명사입니다.

수박/껌	통		과일/책	쪽
배추	포기		무	단
꽃/포도	송이		사과	개
두부	모		천 원	-어치
꽃	다발		계란	판
고기	덩이		담배	개비

모국어 열쇠 활용 문제

다음 빈칸에 적당한 단위 명사를 써넣으세요.

	단위 명사			단위 명사
소 한			운동화 두	
장미 세			동화책 세	
연필 일곱			우유 다섯	
포도 열			새 옷 세	
소나무 세			아파트 두	
자동차 열			배추 열	
수박 세			장갑 두	
두부 여섯			호랑이 세	
사람 네			돛단배 여섯	

21장

비교와 대조

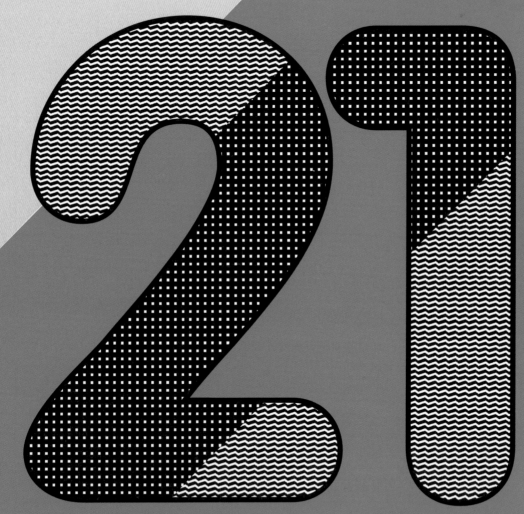

학습할 내용

비교와 대조 관련 대립 어휘 ▶

글 읽고 이해하기 61. 찬성 : 반대

글 읽고 이해하기 62. 주제 : 소재

글 읽고 이해하기 63. 공통점 : 차이점

같은 소리 다른 한자

대(大) : 대다수, 대기업, 대규모, 대용량, 대폭

대(對) : 대화, 대상, 대응, 반대, 대비

지(地) : 지도, 지방, 지구, 토지, 지역

지(知) : 지능, 지식, 지혜, 무지, 친지

공통점	차이점
으뜸	버금
찬성	반대
필요	불필요
가능	불가능

제목	내용
일치	불일치
주제	소재
부족	충족
옳다	그르다

한 문장으로 배우는 낱말 뜻

두 사물의 같은 점이 **공통점**이고 다른 점이 **차이점**이다.

가장 뛰어난 것이 **으뜸**이고 그 다음이 **버금**이다.

찬성하면 박수를 치지만 **반대**하면 고개를 젓는다.

산에 오를 때는 **필요**한 물건만 챙기고 **불필요**한 것은 두고 가야 한다.

할 수 있는 **가능**한 일만 하고 **불가능**한 일에 도전하지 않으면 발전할 수 없다.

책의 **제목**을 잘못 지으면 제목과 **내용**이 일치하지 않아서 읽는 사람이 헷갈리게 된다.

비교하는 두 대상이 같으면 **일치**이고 서로 다르면 **불일치**이다.

글에서 하고 싶은 말이 **주제**이고 글에 사용하는 재료가 **소재**이다.

필요한 것이 기준에 미치면 **충족**이고 미치지 못하면 **부족**이다.

옳고 그름을 따져서 상과 벌을 주어야 한다.

글 읽고 이해하기 61
난이도 중 〈통합〉

찬성 : 반대

무조건 찬성과 무조건 반대가 좋은 것인가?

어떤 사람의 말이나 행동이 좋다고 생각하여 박수를 치고 옳다고 여기면 **찬성**이고, 따르지 않고 맞서거나 거스르면 **반대**입니다. 어떤 친구가 하는 말에는 무조건 찬성하고 다른 친구의 말은 무조건 반대하는 사람이 있습니다. 자기의 의견을 생각하지 않고 다른 사람의 의견에 무조건 찬성하거나 반대하는 것은 좋은 습관이 아닙니다.

사람은 스스로 생각하고 좋고 나쁨을 가릴 수 있어야 합니다. 아무리 좋아하는 친구가 말을 해도 올바른 것과 잘못된 것을 따져야 합니다. 올바른 말과 행동에는 박수를 치면서 찬성을 해야 하지만 잘못된 말과 행동에는 고개를 저어서 반대한다는 뜻을 전달해야 합니다. 친구와 즐겁게 놀이를 하고 믿어 주는 것과 옳고 그름을 따지는 것은 다른 것입니다. 여러분이 좋아하는 친구의 의견에 반대한 적이 있는지요?

다음 중 위 글의 내용과 일치하지 <u>않는</u> 것을 고르세요.

① 다른 친구의 말은 무조건 반대하는 것은 비판적인 시각을 가질 수 있어서 좋은 습관입니다.
② 사람은 스스로 생각하고 좋고 나쁨을 가릴 수 있어야 합니다.
③ 친구와 즐겁게 놀이를 하고 믿어 주는 것과 옳고 그름을 따지는 것은 다른 것입니다.

같은 소리 다른 한자

소리가 같은 한자 **대(大, 對)**에서 만들어진 낱말들입니다.

대(大) : 크다				
대다수	대기업	대규모	대폭	대용량
대(對) : 대하다, 마주하다				
대화	대상	대응	반대	대비

다음 보기에서 뜻이 같은 한자에서 만들어진 낱말들을 찾아 해당 빈칸에 써넣으세요.

보기:	반대, 대다수, 대기업, 대응, 대규모, 대용량, 대화, 대상

크다 대(大)	

마주하다 대(對)	

대립 어휘 찾기 뜻이 대립되는 어휘를 찾아 빈칸에 써 보세요.

으뜸 : _____
수석 / 사이 / 중간 / 버금

일치 : _____
합일 / 합동 / 같음 / 불일치

찬성 : _____
동조 / 반대 / 동의 / 믿음

주제 : _____
중요 / 문장 / 소재 / 문단

필요 : _____
수요 / 불필요 / 소용 / 무조건

부족 : _____
결핍 / 모자람 / 충족 / 종족

가능 : _____
기능 / 지능 / 불가능 / 성능

옳다 : _____
그르다 / 바르다 / 정당하다 / 합당하다

제목 : _____
내용 / 문제 / 자막 / 주제

62 주제 : 소재

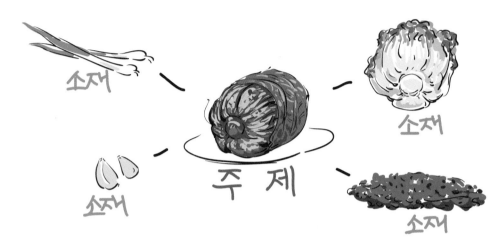

주제와 소재는 무엇이 다를까?

　엄마가 들려주는 이야기와 여러분이 읽은 동화에는 나타내고 싶은 내용이 있습니다. 여러분은 토끼와 거북이가 달리기를 한 이야기를 알고 있겠지요. 매우 빨리 달릴 수 있는 토끼와 아주 느린 거북이가 달리기 시합을 했지요. 사람들은 당연히 토끼가 이길 것이라고 생각했지만 거북이가 토끼보다 먼저 도착을 했어요. 토끼가 자기는 거북이보다 빨리 갈 수 있다고 중간에 잠을 잤기 때문이지요.

　토끼와 거북이의 이야기에는 사람들에게 알려 주고 싶은 것이 있어요. 이야기나 동화에서 사람들에게 알려 주고 싶은 내용이 **주제**입니다. 토끼와 거북이의 주제는 "열심히 하는 자가 게으른 자를 이긴다" 또는 "남을 무시하지 말자"입니다. **소재**는 이야기를 만들어 가는 재료이지요. 토끼와 거북이에서 쓰인 소재는 토끼, 거북이, 달리기 등입니다. 주제와 소재는 음식과 비교할 수 있어요. 김치나 잡채를 만들기 위해서는 여러 가지 재료가 들어갑니다. 김치와 잡채가 주제이고 여기에 들어가는 여러 가지 재료가 소재입니다.

다음 중 위 글의 내용과 일치하지 않는 것을 고르세요.

① 주제는 이야기나 동화에서 사람들에게 알려 주고 싶은 내용입니다.
② 소재는 이야기를 만들어가는 재료입니다.
③ 토끼와 거북이의 이야기는 사람들에게 알려 주고 싶은 것이 없습니다.

같은 소리 다른 한자

소리가 같은 한자 **지(地, 知)**에서 만들어진 낱말들입니다.

지(地) : 땅				
지도	**지역**	**지방**	**지구**	**토지**
지(知) : 알다				
지능	**지식**	**지혜**	**무지**	**친지**

다음 보기에서 뜻이 같은 한자에서 만들어진 낱말들을 찾아 해당 빈칸에 써넣으세요.

보기:	지능, 지식, 토지, 무지, 지도, 지혜, 지방, 지구

땅 **지(地)**	

알다 **지(知)**	

다음 대립 낱말이 들어가는 문장을 써 보세요.

차이점 공통점	

필요 불필요	

일치 불일치	

글 읽고 이해하기 **63** 난이도 상 〈통합〉

공통점 : 차이점

공통점과 차이점 찾기

사자와 고양이는 어떤 점이 같고 어떤 점이 서로 다를까요? 사자와 고양이는 둘 다 다리가 네 개, 눈이 두 개입니다. 이처럼 둘 이상의 동물이나 물건이 지닌 같은 점이 **공통점**이고, 다른 점이 **차이점**입니다. 사자는 몸집이 크지만 고양이는 사자보다 훨씬 작고, 사자는 큰 숲에서 살지만 고양이는 사람들이 살고 있는 마을이나 들에서 삽니다. 사자와 고양이의 차이점입니다.

남자와 여자의 공통점과 차이점은 무엇일까요? 남자와 여자는 모두 사람이지요. 보통 남자는 여자보다 힘이 더 세고 키도 더 큽니다. 남자는 아기를 낳지 못하지만 여자는 아기를 낳을 수 있습니다. 우리나라에서 남자는 반드시 군대에 가야 하지만 여자는 군인이 되고 싶은 사람만 군대에 갑니다. 같은 사람이지만 남자와 여자는 공통점과 차이점이 있습니다. 남자와 여자의 공통점과 차이점에 어떤 것이 더 있을까요?

다음 중 위 글의 내용과 일치하지 <u>않는</u> 것을 고르세요.

① 사자와 고양이의 공통점은 둘 다 다리가 넷이고 눈이 둘이라는 것입니다.
② 남자와 여자의 공통점은 모두 사람이라는 것입니다.
③ 우리나라에서 여자는 군대를 갈 수 없습니다.

정답 : ③ 우리나라에서 여자도 군대에 갈 수 있기
때문에 여자는 반드시 군대에 가지 않아도 된다는 것이
맞지 서로 사람인 것은 아닙니다.

평가 문제

1. 다음에서 토기와 거북이의 차이점을 고르세요.

① 꼬리　　　　② 네 발　　　　③ 번식 방법　　　　④ 척추

2. 다음 〈보기〉의 괄호 안에 들어갈 낱말을 고르세요.

> **보기:** 토끼와 거북이의 (　　)는 '열심히 하는 자가 게으른 자를 이긴다'
> 또는 '남을 무시하지 말자'입니다.

① 소재　　　　② 주제　　　　③ 제재　　　　④ 요소

3. 다음 〈보기〉 낱말에 쓰인 한자 대(對)의 뜻을 고르세요.

> **보기:** 대비, 대상, 대응, 대화, 반대

① 크다　　　　② 대신하다　　　　③ 마주하다　　　　④ 기다리다

4. 다음의 낱말들 중 뜻이 같은 한자에서 만들어진 낱말이 <u>아닌</u> 것을 고르세요.

① 지능　　　　② 지도　　　　③ 지방　　　　④ 토지

5. 다음 예문의 빈칸에 알맞은 낱말을 보기에서 골라 넣으세요.

> **보기:** 동의, 무관심, 반대, 불가능, 불만, 충족

찬성하면 박수를 치지만 　　　　　　　　 하면 고개를 젓는다.

할 수 있는 가능한 일만 하고 　　　　　　　　 한 일에 도전하지 않으면 발전할 수 없다.

필요한 것이 기준에 미치면 　　　　　　　　 이고, 미치지 못하면 부족이다.

22장
—
긍정과 부정

학습할 내용	긍정과 부정 관련 대립 어휘 ▶	같은 소리 다른 한자
	글 읽고 이해하기 64. 긍정 : 부정	미(美) : 미술, 미인, 미용실, 여성미, 남성미
	글 읽고 이해하기 65. 장점 : 단점	미(未) : 미래, 미만, 미성년자, 미완성, 미숙한
	글 읽고 이해하기 66. 합격 : 불합격	정(正) : 정직한, 정정당당, 공정한, 정의로운, 정확한
		정(情) : 감정, 정보, 우정, 열정, 다정한

행복	불행	합격	불합격
긍정	부정	천국	지옥
장점	단점	참	거짓
허락	거절	능력	무능력
이롭다	해롭다	편리하다	불편하다

한 문장으로 배우는 낱말 뜻

생활에서 만족과 기쁨을 느끼면 **행복**하고 그렇지 않으면 **불행**하다.

옳다고 생각하여 그렇다고 인정하는 것이 **긍정**, 아니라고 판단하여 반대하는 것이 **부정**이다.

좋거나 잘하는 부분이 **장점**, 못하거나 모자라는 부분이 **단점**이다.

부탁해서 들어 주면 **허락**이고, 받아들이지 않고 물리침이 **거절**이다.

꿀벌은 인간에게 이익이 되는 **이로운** 동물이고, 송충이는 소나무에 해가 되는 **해로운** 동물이다.

열심히 준비한 사람은 시험에 **합격**하고, 게으른 사람은 **불합격**한다.

천국은 자유롭고 편안한 곳이고 **지옥**은 괴롭고 불편한 곳이다.

사실과 같은 것이 **참**이고 사실과 다른 것이 **거짓**이다.

어떤 일을 할 수 있는 힘이 **능력**이고, 일할 능력이 없으면 **무능력**이다.

이용하기 쉬우면 고객이 **편리하고**, 이용하기 어려우면 고객이 **불편하다**.

긍정 : 부정

그래! 아직 반이 남았어!

긍정적 사고와 부정적 사고

사람은 같은 일을 보거나 듣고 아주 다른 판단을 합니다. 컵에 물을 가득 채우면서 반쯤 찼을 때 '물이 반이나 찼다."라고 하는 사람은 **긍정**적으로 사고하는 사람입니다. 반면 "물이 반밖에 차지 않았다."라고 생각하는 사람은 **부정**적으로 사고하는 사람이지요. 긍정적으로 사고하는 사람은 나머지 반을 채우는 방법을 생각하고 다 채우기 위해서 노력합니다. 부정적 사고를 하는 사람은 아직도 반밖에 차지 않은 이유를 캐묻거나 다 채우지 못한 이유와 핑계를 찾지요.

긍정적 사고는 나쁜 일이 일어났을 때도 그 속에서 희망을 찾게 합니다. 어려움에 처했을 때도 그것을 극복할 생각을 먼저 하게 됩니다. 반면에 부정적 사고는 위기에 처했을 때 그것을 극복하는 방법이 아니라 "내가 왜 이렇게 되었지?"하면서 한탄만 하게 합니다. 산에서 길을 잃었을 때 긍정적 사고를 하는 사람과 부정적 사고를 하는 사람은 어떻게 행동할까요?

어쩌지? 반 밖에 없네?

다음 중 위 글의 내용과 일치하지 <u>않는</u> 것을 고르세요.

① 사람은 같은 일을 보거나 듣고 다른 판단을 합니다.
② 부정적 사고를 하는 사람들이 긍정적 사고를 하는 사람들보다 더 노력합니다.
③ 긍정적 사고는 나쁜 일이 일어났을 때도 그 속에서 희망을 찾게 합니다.

같은 소리 다른 한자

소리가 같은 한자 **미(美, 未)**에서 만들어진 낱말들입니다.

미(美) : 아름답다				
미술	남성미	미인	미용실	여성미
미(未) : 아니다, 아직				
미숙한	미래	미만	미성년자	미완성

다음 보기에서 뜻이 같은 한자에서 만들어진 낱말들을 찾아 해당 빈칸에 써넣으세요.

보기:　　　미용실, 미만, 미인, 미성년자, 미완성, 미술, 미래, 여성미

아름답다 **미(美)**

아니다 **미(未)**

대립 어휘 찾기　뜻이 대립되는 어휘를 찾아 빈칸에 써 보세요.

행복　:　
불행 / 만족 / 복 / 흡족

합격　:　
불합격 / 적합 / 합당 / 상응

긍정　:　
인정 / 응답 / 부정 / 걱정

천국　:　
하늘 / 천사 / 지옥 / 사후

장점　:　
단점 / 강점 / 초점 / 만점

참　:　
진실 / 거짓 / 명제 / 사실

허락　:　
인정 / 거절 / 승인 / 허용

능력　:　
실력 / 잠재력 / 운 / 무능력

이롭다 :　
좋다 / 유익하다 / 유리하다 / 해롭다

편리한 :　
불편한 / 손쉬운 / 편한 / 순한

글 읽고 이해하기
난이도 중 〈통합〉 **65**

장점 : 단점

장점은 살리고 단점은 극복해야 한다.

　사람마다 남보다 뛰어난 **장점**도 있고 남보다 부족한 **단점**도 있습니다. 친구들과 어울리다 보면 어떤 친구는 장점만 있고 단점이 없는 것처럼 보일 때도 있지요. 과연 장점만 있고 단점이 없는 사람이 있을까요? 그런 사람은 없습니다. 누구나 장점과 단점이 있는데 그 친구는 장점을 최대한 살리기 때문에 단점이 눈에 띄지 않는 것이지요.

　삶에서는 단점을 극복하기 위한 노력도 해야 하지만 그것보다는 자기가 지닌 장점을 살려 남보다 더 뛰어난 것으로 키워 가는 것이 더 좋습니다. 노래를 잘하는 사람, 축구를 잘하는 사람, 그림을 잘 그리는 사람, 수학을 잘하는 사람, 글을 잘 쓰는 사람은 그것을 더 잘하기 위해서 노력해야 합니다. 남이 잘하는 것을 쫓는 것은 자기에게 맞지 않는 옷을 입는 것과 같습니다. 여러분이 지금 남보다 잘하는 것은 무엇인가요?

나의 장점은?

다음 중 위 글의 내용과 일치하지 <u>않는</u> 것을 고르세요.

① 장점만 있고 단점이 없는 사람도 있습니다.
② 자기가 지닌 장점을 살려서 남보다 더 뛰어난 것으로 키워가는 것이 좋습니다.
③ 남이 잘하는 것을 쫓기보다 자신이 잘하는 것을 찾아야 합니다.

같은 소리 다른 한자

소리가 같은 한자 **정(正, 情)**에서 만들어진 낱말들입니다.

정(正) : 바르다				
정직한	**정**확한	**정정**당당	공**정**한	**정**의로운
정(情) : 뜻, 사랑, 감정				
정보	감**정**	우**정**	열**정**	다**정**한

다음 보기에서 뜻이 같은 한자에서 만들어진 낱말들을 찾아 해당 빈칸에 써넣으세요.

보기:	공정한, 정보, 우정, 정정당당, 정의로운, 열정, 정직한, 감정

바르다 **정(正)**	

뜻 **정(情)**	

다음 대립 낱말이 들어가는 문장을 써 보세요.

행복 불행	

장점 단점	

능력 무능력	

글 읽고 이해하기
난이도 중 〈통합〉 **66**

합격 : 불합격

불합격했다고 끝이 아니다.

　준비를 잘해서 검사, 시험, 심사를 통과해서 어떤 자격을 얻는 것이 **합격**입니다. 어떤 시험이든 합격하면 본인도 기쁘고 다른 사람들이 축하를 해주지요. 반대로 **불합격**하면 누구나 실망하게 됩니다. 사람이 성장하면서 모든 시험에 합격하기는 쉽지 않습니다. 때로는 불합격이라는 쓰라린 경험도 겪게 되지요. 합격이 불합격보다 좋은 일이지만 불합격이 항상 나쁜 것은 아닙니다.

　가수, 배우, 탤런트를 뽑기 위한 실기 시험이 오디션입니다. 오디션에서 합격하면 유명한 가수, 배우가 될 수 있지요. 그렇지만 첫 번째 오디션에서 불합격했던 사람이 다시 도전해서 더 유명한 가수가 되기도 합니다. 한 번의 불합격을 딛고 다시 일어서는 사람들입니다. 우리는 불합격을 두려워하지 않아야 합니다. 불합격을 두려워하는 사람은 도전하지 않습니다. 어른이 될 때까지 끊임없이 도전하는 자세가 중요합니다. 도전하지 않으면 얻는 것이 없습니다. 불합격하더라도 여러분이 꼭 도전하고 싶은 일은 무엇인가요?

다음 중 위 글의 내용과 일치하지 <u>않는</u> 것을 고르세요.

① 어떤 시험이든 합격하면 다른 사람들이 축하를 해줍니다.
② 합격이 불합격보다 좋은 일이지만 불합격이 항상 나쁜 것은 아닙니다.
③ 오디션에 한 번 불합격을 하면 다시 도전할 수 없습니다.

정답 : ③ 첫 번째 오디션에서 불합격했던 사람이
다시 도전해서 더 유명한 가수가 되기도 합니다.

평가 문제

1. 다음의 낱말 중 국어사전에서 바로 찾을 수 있는 낱말을 고르세요.

① 도전하다   ② 잃었을   ③ 뛰어난   ④ 좋습니다

2. 다음 〈보기〉에서 설명하는 낱말을 고르세요.

보기:	악조건이나 곤란한 상황을 이겨냄.

① 극기   ② 역경   ③ 승리   ④ 극복

3. 다음 〈보기〉 낱말에 쓰인 한자 정(正)의 뜻을 고르세요.

보기:	공정하다, 정의로운, 정정당당, 정직, 정확한

① 바르다   ② 뜻   ③ 정하다   ④ 머무르다

4. 다음의 낱말들 중 뜻이 같은 한자에서 만들어진 낱말이 <u>아닌</u> 것을 고르세요.

① 미만   ② 미술   ③ 미인   ④ 미용실

5. 다음 예문의 빈칸에 알맞은 낱말을 보기에서 골라 넣으세요.

보기:	긍정, 동의, 실재, 이로운, 참, 편리한

옳다고 생각하여 그렇다고 인정하는 것이 [   ] 이고, 아니라고 판단하여 반대하면 부정이다.

꿀벌은 인간에게 이익이 되는 [   ] 동물이고, 송충이는 소나무에 해로운 동물이다.

사실과 같은 것이 [   ] 이고 사실과 다르면 거짓이다.

왜 입말과 글말은 다를까?

입말과 글말

　여러분은 받아쓰기를 틀려서 선생님께 꾸중을 들은 적이 있나요? 혹시 "사람이, 앉아서"를 '사라미, 안자서'라고 쓴 적이 있나요? 소리로 다른 사람과 소통하는 말이 입말이고, 글로 소통하는 말이 글말입니다. 입말에서 사용하는 소리와 글말에서 사용하는 문자는 다를 때가 있습니다.

**입말과 글말을
똑같이 쓴다면?**

　우리가 입말에서 사용하는 소리를 그대로 적으면 받아쓰기에서 틀리지 않을 텐데, 왜 입말과 글말은 서로 다를까요? 입말을 그대로 적으면 어떤 일이 일어나는지 살펴볼까요?

1. 다른 낱말 구별 불가능

글말 '낮다/낫다'와 '입/잎'을 입말 소리대로 적으면 서로 다른 낱말인데 같아집니다.

글말	입말
한라산이 백두산보다 **낮다**.	할라사니 백뚜산보다 **낟따**.
이 책이 저 책보다 **낫다**.	이 채기 저 책보다 **낟따**.
잎 사이에 열매가 달렸다.	**입** 사이에 열매가 달렫따.
입도 하나고 코도 하나다.	**입또** 하나고 코도 하나다.

2. 사람의 이름이 무엇일까?

입말을 그대로 적으면 사람 이름을 알기 어렵습니다. 사람 이름 '선혜, 지민, 수현, 인숙, 유빈, 선영'을 소리대로 적으면 다음과 같습니다.

글말	입말		글말	입말
선혜야	서녜야		인숙이와	인수기와
지민아	지미나		유빈이와	유비니와
수현아	수혀나		선영이와	서녕이와

이처럼 소리대로 적으면 서로 다른 두 낱말을 구별하지 못하거나 사람의 진짜 이름을 알수 없겠지요? 그래서 소리대로 적지 않는 것입니다. 여러분이 받아쓰기에서 다음과 같이 쓰면 틀리게 됩니다.

글말	입말
사람이	사라미
앉아서	안자서
밖에는	바께는

글말	입말
밝은	발근
흙이	흘기
않았다	아낟따

3. 서로 다른 낱말이 같아짐

다음에 쓰인 '같이'와 '가치', 그리고 '인연'과 '이년'은 서로 다른 낱말인데 소리대로 적으면 모두 '가치'와 '이년'이 됩니다.

글말	입말
친구랑 **같이** 놀러 갔다.	친구랑 **가치** 놀러 갇따.
가치 있는 삶을 살아야 한다.	**가치** 인는 살믈 사라야 한다.
인연 때문에 또 만나게 되었다.	**이년** 때무네 또 만나게 되얻따.
2년 동안 태권도를 배웠다.	**이 년** 동안 태퀀도를 배월따.

**모국어 열쇠
활용 문제**

다음 입말을 올바른 글말로 고쳐 써 보세요.

잘못 쓴 예	올바른 글말
오느른	
내이른	
주걷따	
사라따	
하꼬에	

잘못 쓴 예	올바른 글말
조타	
목거리	
대부부네	
일꼬	
지베서	

23장

경제생활

학습할 내용	경제생활 관련 대립 어휘	같은 소리 다른 한자

경제생활 관련 대립 어휘

글 읽고 이해하기 67. 노동 : 휴식

글 읽고 이해하기 68. 생산 : 소비

글 읽고 이해하기 69. 절약 : 낭비

같은 소리 다른 한자

인(人) : 인간, 노인, 인구, 개인, 인류

인(引) : 견인차, 할인, 인도하다, 인솔, 인상하다

직(職) : 직원, 직업 교육, 취직, 퇴직, 직장인

직(直) : 직접, 직선, 솔직한, 정직한, 직진

충분	부족
출근	퇴근
노동	휴식
이익	손해
가난	풍요

소득	지출
수입	수출
지폐	동전
생산	소비
절약	낭비

한 문장으로 배우는 낱말 뜻

모자람이 없이 넉넉하면 **충분**이고 모자라면 **부족**이다.

일터로 나가는 일이 **출근**, 일이 끝나고 일터에서 돌아옴이 **퇴근**이다.

필요한 것을 얻기 위해서 힘쓰는 것이 **노동**이고 하던 일을 멈추고 쉬는 것이 **휴식**이다.

얻는 것이 있으면 **이익**이고, 잃는 것이 있으면 **손해**다.

가난한 사람도 노력하면 많은 것을 가지고 넉넉하게 **풍요**로운 생활을 할 수 있다.

일을 해서 얻은 것이 **소득**이고 가진 돈을 쓰는 일이 **지출**이다.

외국에서 물건을 사오면 **수입**, 물건을 외국에 파는 것이 **수출**이다.

100원짜리 **동전**을 10개 모으면 1000원짜리 **지폐**와 바꿀 수 있다.

물건을 만드는 것이 **생산**이고 돈, 시간, 물건을 사용하여 쓰는 것이 **소비**이다.

필요한 데에만 쓰는 것이 **절약**이고 함부로 돈이나 물자를 쓰는 것이 **낭비**이다.

글 읽고 이해하기
난이도 상 〈통합〉 67

노동 : 휴식

노동 후에는 휴식을 해야 한다.

사람들은 자기가 원하는 것을 얻기 위해서 힘을 써서 **노동**을 합니다. 노동에는 주로 뇌를 써서 하는 정신 노동과 몸을 쓰는 육체 노동이 있습니다. 정신 노동을 하는 사람은 주로 사무실이나 실내에서 일을 하고 육체 노동자는 주로 현장이나 야외에서 일을 합니다. 자기가 원하는 것을 얻기 위해서 일을 하는 노동은 존중 받아야 하는 것입니다. 여러분도 공부, 놀이, 체험을 하지만 노동이라고 하지 않습니다. 노동은 돈이나 물건으로 그 대가를 받지만 여러분은 대가를 받지 않습니다. 그래서 여러분이 하는 행위는 노동이 아니라 활동이라고 합니다.

노동과 활동은 힘이 들어가는 것이라서 **휴식**이 필요합니다. 우리나라의 노동자는 하루 8시간을 일하고 휴식을 합니다. 여러분도 학습 활동, 체험 활동을 하고 나면 휴식을 취해야 합니다. 노동과 활동을 하면서 휴식을 취하지 않으면 지쳐서 병이 나게 되지요. 노동과 활동 후에는 반드시 휴식이 필요합니다. 여러분은 하루에 몇 시간 활동하고 몇 시간 휴식을 취하고 있나요?

다음 중 위 글의 내용과 일치하지 <u>않는</u> 것을 고르세요.

① 사람들은 자기가 원하는 것을 얻기 위해 노동을 합니다.
② 노동에는 뇌를 써서 하는 육체 노동이 있습니다.
③ 노동과 활동은 힘이 들어가는 것이라서 휴식이 필요합니다.

정답 : ② 노동에는 뇌를 써서 하는 정신 노동과 육체노동이 있습니다.
물건을 받는 것은 활동이 아니라 노동입니다.

같은 소리 다른 한자

소리가 같은 한자 **인(人, 引)**에서 만들어진 낱말들입니다.

인(人) : 사람				
인간	노인	인구	인류	개인

인(引) : 끌다, 이끌다, 인도하다				
견인차	할인	인상하다	인도하다	인솔

다음 보기에서 뜻이 같은 한자에서 만들어진 낱말들을 찾아 해당 빈칸에 써넣으세요.

보기:	견인차, 인구, 할인, 인솔, 인간, 노인, 인도하다, 개인

사람 인(人)

끌다 인(引)

대립 어휘 찾기

뜻이 대립되는 어휘를 찾아 빈칸에 써 보세요.

충분 :

충족 / 흡족 / 부족 / 만족

출근 :

퇴근 / 회사 / 시간 / 통근

노동 :

일 / 공부 / 가사 / 휴식

이익 :

돈 / 손해 / 수입 / 저금

가난 :

빈국 / 곤란 / 궁핍 / 풍요

소득 :

지출 / 수입 / 월급 / 용돈

수입 :

외국 / 수출 / 외국산 / 중국

지폐 :

돈 / 화폐 / 동전 / 은행

생산 :

소비 / 제조 / 출산 / 해산

절약 :

저금 / 절감 / 낭비 / 경제

생산 : 소비

소비해야 생산이 증가한다.

　기업에서 물건을 만들면 사람들이 그것을 사용하고, 농민이 농산물을 **생산**하면 소비자가 그것을 먹어서 **소비**합니다. 생산만 하고 그것을 쓰거나 먹어서 없애지 않으면 더 이상 생산할 필요가 없겠지요. 옛날에는 무조건 절약하고 아끼는 것이 좋은 일이었습니다. 생산하는 일이 쉽지 않았기 때문입니다. 그렇지만 지금은 많은 양을 한꺼번에 생산할 수 있어서 소비자가 필요한 양을 소비해야 하는 시대가 되었습니다.

　소비가 늘어나야 생산도 증가합니다. 생산도 많이 하고 소비도 많이 해야 경제가 발전합니다. 그렇지만 우리 힘으로 생산할 수 없는 것은 가능하면 소비를 줄여야 합니다. 자동차에 쓰이는 휘발유는 우리나라에서 생산할 수 없고 다른 나라에서 돈을 주고 사와야 합니다. 가까운 곳은 자동차 대신 자전거를 타거나 걸어서 다녀야 하지요. 또, 우리가 물을 생산할 수 없기 때문에 물도 아껴서 써야 합니다. 평소에 물을 아껴서 쓰지 않으면 가뭄이 올 때 물을 사용할 수 없습니다. 우리가 생산할 수 없는 것들에는 또 무엇이 있을까요?

다음 중 위 글의 내용과 일치하지 <u>않는</u> 것을 고르세요.

① 기업은 생산을 하고 사람들이 그것을 사용합니다.
② 지금은 많은 양을 한꺼번에 만들 수 있습니다.
③ 우리는 휘발유를 생산할 수 있기 때문에 수입할 필요가 없습니다.

같은 소리 다른 한자

소리가 같은 한자 **직(職, 直)**에서 만들어진 낱말들입니다.

직(職) : 직업, 일				
직원	**직**업 교육	**직**장인	취**직**	퇴**직**

직(直) : 곧다				
직진	**직**접	**직**선	솔**직**한	정**직**한

다음 보기에서 뜻이 같은 한자에서 만들어진 낱말들을 찾아 해당 빈칸에 써넣으세요.

보기:	취직, 직접, 직선, 솔직한, 퇴직, 정직한, 직원, 직업 교육

직업 **직(職)**	

곧다 **직(直)**	

다음 대립 낱말이 들어가는 문장을 써 보세요.

노동 휴식	

절약 낭비	

출근 퇴근	

글 읽고 이해하기

난이도 중 〈통합〉

69

절약 : 낭비

왜 물을 아껴서 써야 할까?

필요한 데에만 쓰는 것이 **절약**이고 함부로 돈이나 물자를 쓰는 것이 **낭비**입니다. 돈을 많이 벌어도 절약하지 않으면 가난해집니다. 평소에 쓰고 남은 돈은 저축해 두었다가 필요할 때 꺼내서 써야 합니다. 물과 공기가 없으면 하루도 살아갈 수 없습니다. 우리는 물과 공기의 고마움을 잘 알지 못하고 살고 있지요. 수도꼭지만 틀면 물이 나온다고 절약하지 않고 낭비하면 어떤 일이 벌어질까요?

전세계 물의 97.5%는 바닷물이라서 먹을 수 없습니다. 남은 물 2.5%의 물도 높은 산과 북극에 얼음으로 존재하고 있어서 사실상 사람들이 이용할 수 있는 하천과 호수의 물은 0.3%에 불과합니다. 우리나라도 물이 부족한 국가에 속합니다. 지구에 살고 있는 25억 명의 사람들이 물이 부족해서 고통을 겪고 있습니다. 여러분은 물이 없어서 고통을 받아 본 적이 있는지요? 여러분이 생활에서 물을 절약하는 방법에 대해서 친구들과 토론해 보세요.

다음 중 위 글의 내용과 일치하지 않는 것을 고르세요.

① 필요한 데만 쓰는 것은 낭비입니다.
② 전세계 물 대부분은 바닷물입니다.
③ 물을 절약해야 합니다.

정답 : ① 필요한 데에만 쓰는 것은 절약입니다.

평가 문제

1. 다음의 낱말들 중 대립 관계에 있지 <u>않은</u> 것을 고르세요.

① 생산-소비　　② 예금-저금　　③ 정신노동-육체노동　　④ 지폐-동전

2. 다음 〈보기〉에서 설명하는 낱말을 고르세요.

> 보기:　　사람들이 자기가 원하는 것을 얻기 위해서 힘써 일을 함.

① 노고　　　② 휴식　　　③ 임금　　　④ 노동

3. 다음 〈보기〉 낱말에 쓰인 한자 인(人)의 뜻을 고르세요.

> 보기:　　개인, 노인, 인간, 인구, 인류

① 사람　　　② 끌다　　　③ 도장　　　④ 알다

4. 다음의 낱말들 중 뜻이 같은 한자에서 만들어진 낱말이 <u>아닌</u> 것을 고르세요.

① 정직　　　② 직선　　　③ 직업　　　④ 직접

5. 다음 예문의 빈칸에 알맞은 낱말을 보기에서 골라 넣으세요.

> 보기:　　무역, 분배, 수입, 지출, 출근, 출장

일터로 나가는 일이 [　　　　　]이고, 일이 끝나서 일터에서 돌아옴이 퇴근이다.

일을 해서 얻은 것이 소득이고 가진 돈을 쓰는 일이 [　　　　　]이다.

외국에서 물건을 사오면 [　　　　　]이고, 물건을 외국에 파는 것이 수출이다.

학습할 내용

언어와 예술 관련 대립 어휘

글 읽고 이해하기 70. 정독 : 다독
글 읽고 이해하기 71. 소리 : 글자
글 읽고 이해하기 72. 박자 : 음정

같은 소리 다른 한자
독(讀) : 낭독, 독후감, 독서, 독자, 다독
독(毒) : 독약, 독감, 소독, 독사, 독침
방(方) : 방향, 사방, 방법, 전방, 상대방
방(放) : 방학, 방송, 해방, 방과후, 개방

자음	모음	대화	독백
정독	다독	작사	작곡
소리	글자	합창	독창
표준어	방언	박자	음정
속담	격언	모국어	외국어

한 문장으로 배우는 낱말 뜻

우리말에서 [ㄱ, ㄴ, ㄷ, ㄹ, …]은 **자음**이고, [ㅏ, ㅓ, ㅗ, ㅜ, …]는 **모음**이다.

정독은 뜻을 새겨서 자세히 읽는 것이고 **다독**은 많은 책을 읽는 독서 방법이다.

언어는 사람이 **소리**를 통해서 자기 생각을 전달하는 도구이고 **글자**로 그 소리를 적는다.

언어마다 모범이 되는 **표준어**가 있지만 지역이나 계층에 따라서 **방언**을 사용하기도 한다.

문장은 짧지만 **속담**과 **격언**에는 많은 삶의 지혜가 담겨 있다.

서로 마주보고 이야기를 주고받음이 **대화**, 혼자서 중얼거림이 **독백**이다.

노랫말을 짓는 일이 **작사**, 노래의 각 음의 높낮이와 길이를 만드는 일이 **작곡**이다.

독창은 혼자서 노래를 부르는 일이고 여러 사람이 모여 노래하면 **합창**이다.

음이 일정 시간 반복되는 것이 **박자**이고 두 음 사이의 높낮이의 차이가 **음정**이다.

엄마에게 배우는 말이 **모국어**이고, 그 외의 다른 말은 **외국어**이다.

정독 : 다독

다독보다 정독을 해야 하는 이유

우리는 직접 경험할 수 없는 일을 책을 통해서 간접적으로 경험할 수 있습니다. 훌륭한 일을 했던 사람의 전기에는 그 사람이 어린 시절부터 어떻게 살았는지 쓰여 있습니다. 우리는 그 전기를 읽으면서 자신이 어떻게 살아야 할지 배우게 됩니다. 또한 책에는 세상에 대한 모든 지식이 들어 있습니다. 책에는 우리가 알고 싶은 모든 것이 들어 있지요.

책을 읽는 독서 방법에는 많은 책을 읽는 **다독**과 하나의 책을 자세하게 읽는 **정독**이 있습니다. 다독은 많은 책을 읽어서 더 많은 간접 경험을 쌓고 더 많은 지식을 얻을 수 있다는 장점이 있습니다. 그렇지만 책을 읽기만 하고 사고하지 않으면 아무리 많은 책을 읽어도 큰 도움이 되지 않습니다. 한 권의 책을 읽어도 자세하게 읽고 깊이 생각해 보는 정독에서 삶의 지혜를 얻을 수 있습니다. 여러분이 읽은 책 중에서 가장 큰 감동을 준 책은 어떤 책인가요? 그 책이 감동을 준 이유는 무엇인가요?

다음 중 위 글의 내용과 일치하지 <u>않는</u> 것을 고르세요.

① 책은 우리가 직접 경험할 수 없는 일을 간접적으로 경험할 수 있게 합니다.
② 많은 책을 읽는 정독은 많은 장점이 있습니다.
③ 책을 읽고 사고하지 않으면 아무리 많은 책을 읽어도 큰 도움이 되지 않습니다.

정답 : ② 많은 책을 읽는 것은 정독이
아니라 다독입니다. 정독은 하나의 책을
자세하게 읽는 것입니다.

같은 소리 다른 한자

소리가 같은 한자 **독(讀, 毒)**에서 만들어진 낱말들입니다.

독(讀) : 읽다				
다독	낭독	독후감	독서	독자

독(毒) : 독				
독사	독약	독감	소독	독침

다음 보기에서 뜻이 같은 한자에서 만들어진 낱말들을 찾아 해당 빈칸에 써넣으세요.

보기:	독사, 독감, 소독, 독후감, 독자, 독서, 낭독, 독약

읽다 **독(讀)**	

독 **독(毒)**	

대립 어휘 찾기 뜻이 대립되는 어휘를 찾아 빈칸에 써 보세요.

자음 :
다음 / 모음 / 발음 / 한글

정독 :
해독 / 낭독 / 다독 / 고독

소리 :
글자 / 기척 / 소식 / 아우성

표준어 :
서울말 / 언어 / 서울 / 방언

속담 :
격언 / 방언 / 속어 / 대담

대화 :
문답 / 질문 / 독백 / 이야기

작사 :
작가 / 작곡 / 작품 / 작업

합창 :
명창 / 선창 / 제창 / 독창

박자 :
음정 / 리듬 / 율동 / 운율

모국어 :
외래어 / 외국어 / 한글 / 엄마

소리 : 글자

언어는 글자가 아니라 소리이다.

소리로 주고받는 언어가 입말이고 **글자**로 써 놓은 언어가 글말입니다. 둘 중에서 더 중요한 언어는 입말입니다. 세계에는 입말은 있어도 글말이 없는 언어도 있습니다. 우리의 모국어인 한국어는 한글로 입말을 적을 수 있습니다. 그렇지만 세상에는 글자가 없어서 글말이 없는 언어가 더 많습니다. 글말이 없는 언어를 사용하는 사람들은 입말로 다른 사람과 의사소통을 합니다.

사람들은 소리로 먼저 의사소통을 했습니다. 글자는 나중에 만들어서 사용했지요. 우리말도 한글이 만들어지기 전에는 글자로 적지 못했습니다. 1443년 세종대왕이 한글을 만들고 나서부터 우리말을 글자로 쓰기 시작했습니다. 지금도 우리말을 적을 수 있는 한글이 없다면 어떤 일이 벌어질까요? 여러분이 배우는 교과서도 없겠지요. 한글이 없어서 글을 쓸 수 없다면 불편한 점은 무엇일까요?

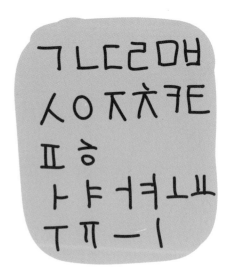

다음 중 위 글의 내용과 일치하지 않는 것을 고르세요.

① 글말보다 입말이 더 중요합니다.
② 한국어는 한글로 입말을 적을 수 없습니다.
③ 사람들은 글자보다 소리로 먼저 의사소통을 했습니다.

같은 소리 다른 한자

소리가 같은 한자 **방(方, 放)**에서 만들어진 낱말들입니다.

방(方) : 방향, 방법				
방향	**방법**	**사방**	**상대방**	**전방**
방(放) : 놓다, 내놓다				
방학	**방송**	**개방**	**해방**	**방과후**

다음 보기에서 뜻이 같은 한자에서 만들어진 낱말들을 찾아 해당 빈칸에 써넣으세요.

보기:	방송, 사방, 해방, 방학, 방과후, 방향, 방법, 전방

방향 **방(方)**	

놓다 **방(放)**	

다음 대립 낱말이 들어가는 문장을 써 보세요.

자음 모음	

표준어 방언	

모국어 외국어	

박자 : 음정

'대-한민국'은 몇 박자일까?

　"대-한민국 짝짝짝 짝짝!" 우리나라 사람이라면 누구나 이 응원을 알고 있을 겁니다. 이 응원은 2002년 월드컵 축구 경기에서 시작되었습니다. 우리나라 국가대표 축구팀이 외국과 경기할 때 경기장뿐만 아니라 집과 거리에서 "대-한민국"을 외치고 박수 다섯 번을 치면서 응원을 했지요. 지금은 우리나라가 외국과 하는 모든 경기에서 이렇게 응원을 합니다.

　어떤 시간 동안 일정한 음이 반복되는 것이 **박자**입니다. 그러면 "대-한민국"은 몇 박자일까요? 본래 "우리나라/학교생활/대한민국"은 4박자 또는 2박자 + 2박자라고 할 수 있어요. 그런데 "대-한민국"은 2박자 + 2박자를 "대-"를 길게 해서 3박자 + 2박자로 바꾸었지요. 거기에 맞추어서 박수도 네 번이 아니라 다섯 번을 칩니다. 그리고 "대-한민국"을 외칠 때는 그 음의 높이가 서로 다릅니다. 높낮이로 서로 다른 **음정**을 만들어서 우리 고유의 응원 구호를 만든 것입니다. 외국인이 우리의 응원 구호를 잘 따라 하지 못하는 이유는 무엇일까요?

다음 중 위 글의 내용과 일치하지 <u>않는</u> 것을 고르세요.

① "대-한민국 짝짝짝 짝짝" 응원은 2002년 월드컵 축구 경기에서 시작되었습니다.
② 박자는 어떤 시간 동안 일정한 음이 반복되는 것입니다.
③ 높낮이가 서로 같은 음정으로 우리 고유의 응원 구호를 만들었습니다.

평가 문제

1. 다음의 낱말 중 독서 방법이 <u>아닌</u> 것을 고르세요.

① 구독   ② 다독   ③ 속독   ④ 정독

2. 다음 〈보기〉에서 설명하는 낱말을 고르세요.

보기:	우리말을 적는 문자의 이름.

① 한국어   ② 한글   ③ 한문   ④ 소리 글자

3. 다음 〈보기〉 낱말에 쓰인 한자 독(讀)의 뜻을 고르세요.

보기:	낭독, 다독, 독서, 독자, 독후감

① 독   ② 홀로   ③ 감독하다   ④ 읽다

4. 다음의 낱말들 중 뜻이 같은 한자에서 만들어진 낱말이 <u>아닌</u> 것을 고르세요.

① 방법   ② 방학   ③ 방향   ④ 사방

5. 다음 예문의 빈칸에 알맞은 낱말을 보기에서 골라 넣으세요.

보기:	고유어, 글자, 독백, 모국어, 발음, 이야기

언어는 사람이 소리를 통해서 자기 생각을 전달하는 도구이고 [   ] 로 그 소리를 적는다.

서로 마주보고 이야기를 주고받음이 대화, 혼자서 중얼거림이 [   ] 이다.

엄마에게 배우는 말이 [   ] 이고, 그 외의 다른 말은 외국어이다.

겹받침 바로 알기

**왜 겹받침을
쓸까?**

여러분이 글을 쓸 때 '밝다, 잃다, 흙이, 앉다, 끓다' 등은 쓰기 참 어렵지요. 우리말에는 글자의 끝에 두 개의 자음을 쓰는 낱말이 있습니다. 글자의 끝에 쓰는 두 개의 자음을 겹받침이라고 합니다.

겹받침의 두 자음은 홀로 쓰이거나 뒤에 자음이 나오면 하나가 탈락하고, 뒤에 모음이 나오면 모음과 결합해서 발음합니다. 이것이 겹받침을 쓰는 이유입니다.

**겹받침의
표기와 발음**

1. 겹받침 다음에 모음이 오면 두 번째 자음과 모음을 합쳐서 발음합니다.

표기	발음
밟아서	발**바**서
맑은	말**근**
읽어서	일**거**서
밝은	발**근**

글말	입말
앉아서	안**자**서
닭을	달**글**
젊어서	절**머**서
핥아서	할**타**서

2. 겹받침이 홀로 쓰이거나 뒤에 자음이 올 때 하나만 발음합니다. 'ㄳ, ㄵ, ㄶ, ㄼ, ㄽ, ㄾ, ㅀ, ㅄ'은 첫째 음을 발음하고, 'ㄺ, ㄻ, ㄿ'은 둘째 음을 발음합니다.

첫 자음 발음	
밟고	**밥**꼬
몫	**목**
앉고	**안**꼬
없다	**업**따
외곬	외**골**
핥다	**할**따

둘째 자음 발음	
늙다	**늑**따
읽다	**익**따
삶과	**삼**과
읊다	**읍**따
맑다	**막**따
흙도	**흑**또

단, 겹받침 '**ㄶ, ㅀ**' 다음의 자음은 **거센 소리**가 됩니다.

않고	안**코**
잃다	일**타**

많다	만**타**
앓고	알**코**

3. 'ㄻ, ㄺ, ㄿ'의 발음은 주의해야 합니다. '밟다, 넓적하다'는 '짧다, 얇다'와 다르게 뒤에 자음이 올 때 '발따, 널쩌카다'로 발음하지 않고 '밥따, 넙쩌카다'로 발음합니다. '읽다, 맑다, 늙다'은 ㄱ 앞에서 '일꼬, 말꼬, 늘꼬'로 발음합니다.

뒤에 자음이 올 때	
짧다	**짤따**
밟다	**밥따**
넓죽하다	**넙쭈카다**
맑다	**막따**
읽다	**익따**
늙다	**늑따**
읊다	**읍따**

뒤에 'ㄱ'이 올 때	
짧고	**짤꼬**
밟고	**밥꼬**
넓죽한	**넙쭈칸**
맑고	**말꼬**
읽고	**일꼬**
늙고	**늘꼬**
읊고	**읍꼬**

글자와 발음

지금까지 겹받침을 쓰는 이유에 대해서 살펴보았습니다. 겹받침이 들어 있는 낱말이 쓰기에 어렵지만 반드시 필요하기 때문에 겹받침을 쓰는 것입니다. 영어에도 소리가 나지 않음에도 불구하고 글자를 쓰는 경우가 있습니다. 칼을 뜻하는 나이프와 새끼양의 뜻을 가진 램은 영어로 각각 'knife, lamb'입니다. 영어 낱말 knife에서 k, lamb에서 b는 발음이 되지 않지만 써야 합니다.

모국어 열쇠 활용 문제

다음과 같이 발음되는 우리말을 써 보세요.

밥꼬		밥따	
넙쭈카다		막따	
닥꽈		늑찌	
말께		읍꼬	
달글		널비	
할따		갑쓸	
업써		짤따	
짤꼬		일타	

모국어가
공부의
열쇠다

www.mogong10.com

모
공
열

기초
정답·해설

1장 – 모양과 크기

*같은 소리 다른 한자: 일(一, 日) (p. 015)

문제	하나 일(一)	날 일(日)
정답	일생, 통일, 일등, 일학년	일기, 생일, 휴일, 일요일

*대립 어휘 찾기 (p. 015)

얇다 / 짧다 / 줄다 / 작다/ 무디다 / 오목 / 다르다 / 곧다

*같은 소리 다른 한자: 화(火, 花) (p. 017)

문제	불 화(火)	꽃 화(花)
정답	화재, 화산, 화요일, 화력	매화, 무궁화, 화분, 국화

*문장 만들기 (p. 017)

1) 코끼리는 크고 개미는 작다.

2) 두꺼운 책보다 얇은 책이 읽기 쉽다.

3) 나는 친구와 키는 같지만, 몸무게는 다르다.

*평가 문제 (p. 019)

문제1. ② 문제2. ③ 문제3. ① 문제4. ③

문제5. 두꺼운, 볼록하게, 겉

2장 – 기본 행동

*같은 소리 다른 한자: 구(口, 球) (p. 023)

문제	입 구(口)	공 구(球)
정답	인구, 입구, 식구, 항구	축구, 지구, 농구, 탁구

*대립 어휘 찾기 (p. 023)

깨다 / 오다 / 뱉다 / 받다 / 벗다 / 당기다 / 펴다 / 일어나다 / 서다 / 뛰다

*같은 소리 다른 한자: 사(四, 事) (p. 025)

문제	넷 사(四)	일 사(事)
정답	사계절, 사각형, 사촌, 사월	사건, 사업, 행사, 인사

*문장 만들기 (p. 025)

1) 어젯밤에 늦게 자서 아침에 늦게 잠에서 깼다.

2) 친구에게 선물을 받고 나서 나도 선물을 주었다.

3) 아침에 학교에 가고, 오후에 집에 왔다.

*평가 문제 (p. 027)

문제1. ④

문제2. ②. ① 조금 주고 많이 받는 경우에 쓰는 속담이에요.
③ 같은 내용이라도 표현하는 데에 따라 다르다는 속담이에요.
④ 남의 말을 쉽게 받아들인다는 관용구예요

문제3. ③ [口 : 입 구]

문제4. ④ 사각형(四角形)에서 四는 '넷'의 뜻이고,
나머지 낱말들에 쓰인 事는 '일'의 뜻이에요.]

문제5. 일어나서, 깬다, 받는다

*모국어 열쇠 활용 문제 – 자음의 이름 (p. 028)

ㄱ	기역	ㄴ	니은
ㄷ	디귿	ㄹ	리을
ㅁ	미음	ㅂ	비읍
ㅅ	시옷	ㅇ	이응
ㅈ	지읒	ㅊ	치읓
ㅋ	키읔	ㅌ	티읕
ㅍ	피읖	ㅎ	히읗
ㄲ	쌍기역	ㄸ	쌍디귿
ㅃ	쌍비읍	ㅆ	쌍시옷
ㅉ	쌍지읒		

*모국어 열쇠 활용 문제 – 자음 만들기 (p. 028)

기본 자음	선 더하기(가획)	선 더하기(가획)	겹쳐 쓰기(병서)
ㄱ		ㅋ	ㄲ
ㄴ	ㄷ	ㅌ	ㄸ
ㄹ			
ㅁ	ㅂ	ㅍ	ㅃ
ㅅ	ㅈ	ㅊ	ㅆ, ㅉ
ㅇ		ㅎ	

*모국어 열쇠 활용 문제 1 (p. 028)

ㄱ	ㅋ, ㄲ	ㅁ	ㅂ, ㅍ, ㅃ
ㄴ	ㄷ, ㅌ, ㄸ	ㅅ	ㅈ, ㅊ, ㅆ, ㅉ
ㄹ		ㅇ	ㅎ

3장 – 동작과 상태

*같은 소리 다른 한자: 공(工, 空) (p. 033)

문제	장인, 기술 공(工)	비다 공(空)
정답	공부, 공장, 공업, 인공위성	공군, 공항, 항공기, 공책

*대립 어휘 찾기 (p. 033)

어렵다 / 무겁다 / 안전하다 / 천천히 / 서두르다 / 깨끗하다 /
늦게 / 팽팽하다 / 좁다 / 곱다

*같은 소리 다른 한자: 서(西, 書) (p. 035)

문제	서쪽 서(西)	글 서(書)
정답	서양, 서해, 서부, 서풍	교과서, 보고서, 독서, 참고서

*문장 만들기 (p. 035)

1) 어머니의 그 곱던 손이 자식들 뒷바라지로 거칠어졌다.

2) 무거운 책을 빼고 나니 책가방이 훨씬 가벼워졌다.

3) 토끼는 빨리 달리지만 거북이는 천천히 기어간다.

*평가 문제 (p. 037)

문제1. ① 지진, 태풍, 홍수, 가뭄, 화재, 전염병 따위에 의하여
받게 되는 피해가 재해입니다.

문제2. ④ 나라의 경제가 나빠지거나 집안이 가난해져,
사정이 좋지 않다는 뜻으로 쓰인 경우예요.

문제3. ① [空 : 비다, 없다 공]

문제4. ④ 서양(西洋)에서 西는 '서쪽'의 뜻이고,
나머지 낱말들에 쓰인 書는 '책'의 뜻이에요.

문제5. 천천히, 깨끗해, 안전한

4장 – 날짜와 시간

*같은 소리 다른 한자: 금(今, 金) (p. 041)

문제	이제 금(今)	쇠 금(金)
정답	금년, 금주, 지금, 금방	벌금, 저금, 금요일, 요금

*대립 어휘 찾기 (p. 041)

모레 / 낮 / 한밤중 / 저녁 / 나중 / 가끔 / 아직 / 오래 / 초저녁 / 지금

*같은 소리 다른 한자: 야(夜, 野) (p. 043)

문제	밤 야(夜)	들 야(野)
정답	야간, 야광, 야경, 야식	평야, 야채, 야외, 야생화

*문장 만들기 (p. 043)

1) 먼저 숙제부터 하고 나중에 놀아라.

2) 아빠는 이미 집에 도착했는데 나는 아직 출발도 하지 않았다.

3) 대낮에 낮잠을 자면 한밤중에 밤잠을 설친다.

*평가 문제 (p. 045)

문제1. ④ '내년'은 다음 해를 뜻하는 말로 하루가 아닌
한 해 단위로 부르는 명칭의 하나입니다.

문제2. ② 어떤 일을 밤이나 낮이나 쉬지 않고 계속 할 때 쓰는 관용구예요.
④ 하던 일을 잠시 멈추거나 그만둘 때 '손을 놓다'라고 말합니다.

문제3. ④ [夜 : 밤 야]

문제4. ④ 지금(只今)에서 今은 '이제, 지금'의 뜻이고,
나머지 낱말들에 쓰인 金은 '쇠'의 뜻이에요.

문제5. 그저께, 이미, 새벽

*모국어 열쇠 활용 문제 2 (p. 046)

새 모음 만들기	새 모음	새 모음 만들기	새 모음
ㅡ + ㅣ	ㅢ	ㅣ + ㅔ	ㅖ
ㅣ + ㅏ	ㅑ	ㅗ + ㅏ	ㅘ
ㅣ + ㅓ	ㅕ	ㅜ + ㅓ	ㅝ
ㅣ + ㅗ	ㅛ	ㅗ + ㅐ	ㅙ
ㅣ + ㅜ	ㅠ	ㅜ + ㅔ	ㅞ
ㅣ + ㅐ	ㅒ	ㅜ + ㅣ	ㅟ

5장 – 동물과 식물

*같은 소리 다른 한자: 석(石, 席) (p. 051)

문제	돌 석(石)	자리 석(席)
정답	자석, 석유, 석굴암, 석탑	좌석, 참석, 출석, 결석

*대립 어휘 찾기 (p. 051)

수탉 / 뿌리 / 속 / 꼬리 / 일벌 / 낙엽 / 열매 / 껍데기 / 까투리

*같은 소리 다른 한자: 식(食, 植) (p. 053)

문제	먹다 식(食)	심다 식(植)
정답	식당, 급식, 식기, 육식	식물, 이식, 식민지, 식목일

*문장 만들기 (p. 053)

1) 겉이 검다고 속도 검은 것이 아니다.

2) 꽃이 많은 곳에 나비가 모여든다.

3) 뿌리가 깊은 나무의 줄기는 바람에 흔들리지 않는다.

*평가 문제 (p. 055)

문제1. ① '쌀'은 잡곡이 아닙니다.

문제2. ④ 겉보기에는 먹음직스러운 빛깔을 띠고 있지만
맛이 없는 개살구라는 뜻입니다.

문제3. ① [石 : 돌 석]

문제4. ④ 식목일(植木日)에서 植은 '심다'의 뜻이고,
나머지 낱말들에 쓰인 食은 '밥, 먹다'의 뜻이에요.

문제5. 뿌리, 여왕벌, 알맹이

6장 – 위치와 방향

*같은 소리 다른 한자: 고(古, 高) (p. 059)

문제	옛 고(古)	높다 고(高)
정답	고대, 고적, 고전, 고물	최고, 고등학교, 고급, 고속

*대립 어휘 찾기 (p. 059)

주변/ 낮다/ 침실/ 도착/ 안/ 멀다/ 바닥/ 내리막/ 좌측/ 아랫목

*같은 소리 다른 한자: 문(門, 問) (p. 061)

문제	문 문(門)	묻다 문(問)
정답	창문, 출입문, 교문, 대문	문제, 의문, 방문, 질문

*문장 만들기 (p. 061)

1) 도시의 중심에서 주변 지역으로 이사하는 사람들이 많다.

2) 김포에서 비행기로 출발하면 한 시간 뒤쯤 제주에 도착한다.

3) 집에서 가까운 학교를 두고 먼 학교에 다니는 친구가 있다.

*평가 문제 (p. 063)

문제1. ④ '거실, 침실, 욕실'에 쓰인 실(室)은 '방, 집'이라는 뜻입니다.

문제2. ① '이종사촌'은 이모의 자녀를 말하며 나와 이모 자녀의 촌수가 사촌 간이기도 해요.

문제3. ③ [門 : 문, 전문 문]

문제4. ② 개마고원(蓋馬高原)에서 高는 '높다'의 뜻이고, 나머지 낱말들에 쓰인 古는 '옛날'의 뜻이에요.

문제5. 침실, 친척, 우측

*모국어 열쇠 활용 문제 3-1 (p. 064)

말	팔, 발, 갈, 날, 탈
국	묵, 둑, 쑥, 뚝, 쭉
개	게, 가, 계, 괘, 귀
새	세, 서, 소, 수, 쉬

*모국어 열쇠 활용 문제 3-2 (p. 064)

자음 : ㄱ ㄴ ㄹ ㅁ ㅂ ㅅ ㅇ ㅈ 모음 : ㅏ ㅓ ㅗ ㅜ ㅣ ㅡ
예 : 굴, 남, 잠 … .
예시 : 감, 간, 너, 누, 노, 라, 리, 몸, 몽, 반, 발, 산, 순, 아, 인, 근, 는, …

7장 – 친족 관계

*같은 소리 다른 한자: 고(古, 高) (p. 069)

문제	아들 자(子)	사람 자(者)
정답	여자, 자녀, 제자, 손자	환자, 학자, 독자, 피해자

*대립 어휘 찾기 (p. 069)

남편/ 이모/ 장모/ 총각/ 이혼/ 자녀/ 자매/ 며느리/ 손녀/ 사내

*같은 소리 다른 한자: 남(南, 男) (p. 071)

문제	남쪽 남(南)	남자 남(男)
정답	남대문, 남산, 남극, 남한	남편, 남매, 장남, 남자

*문장 만들기 (p. 071)

1) 설날 손자와 손녀가 할머니에게 세뱃돈을 받았다.

2) 부모와 자녀는 한 가족이다.

3) 며느리 사랑은 시아버지, 사위 사랑은 장모.

*평가 문제 (p. 073)

문제1. ① '외삼촌, 외할머니, 외할아버지, 외숙모'는 모두 외가의 구성원입니다.

문제2. ② '탄신, 성탄'은 성인이나 임금이 태어난 날을 말할 때 씁니다. 예)석가탄신일, 성탄절.

문제3. ③ [南 : 남쪽 남]

문제4. ④ 학자(學者)에서 者는 '사람'의 뜻이고, 나머지 낱말들에 쓰인 子는 '아들, 자식'의 뜻이에요.

문제5. 아내, 장인, 계집

8장 – 신체와 건강

*같은 소리 다른 한자: 목(目, 木) (p. 077)

문제	눈 목(目)	나무 목(木)
정답	목표, 목적, 제목, 과목	목재, 식목일, 묘목, 목성

*대립 어휘 찾기 (p. 077)

보다/ 발/ 망각/ 살찌다/ 의사/ 정신/ 날숨/ 무릎/ 뒤통수/ 색약

*같은 소리 다른 한자: 수(手, 水) (p. 079)

문제	손 수(手)	물 수(水)
정답	수단, 수첩, 박수, 수술	수영, 수도, 호수, 냉수

*문장 만들기 (p. 079)

1) 육체와 정신이 건강해야 어떤 일이든 해낼 수 있다.

2) 그 환자가 망각했던 것을 마침내 기억해냈다.

3) 의사가 환자에게 처방전을 주었다.

*평가 문제 (p. 081)

문제1. ④ '팔, 다리, 목'은 육체를 구성하는 부분들이에요.

문제2. ① 인간만이 손을 자유롭게 사용할 수 있어서 도구를 사용합니다.

문제3. ④ [木 : 나무 목]

문제4. ① 박수(拍手)에서 手는 '손'의 뜻이고, 나머지 낱말들에 쓰인 水는 '물'의 뜻이에요.

문제5. 야윈, 무릎, 이마

*모국어 열쇠 활용 문제 4 (p. 082)

① 연주할 시간이 다가오자 나는 조바심에 (가슴)을 태우면서 기다렸다.
② 그는 슬퍼서 (어깨)를 축 늘어뜨리고 혼자서 걷고 있었다.
③ 그 감독 (눈)밖에 나면 경기에 출전할 수 없다.
④ 잘못을 용서해 달라고 손이 (발)이 되도록 빌었다.
⑤ 아들이 시험에 합격했다는 소식을 듣고 아빠가 (무릎)을 탁 쳤다.
⑥ (목)이 빠지게 기다려도 전화는 오지 않았다.
⑦ 모든 사람이 청소하느라 정신이 없는데 그는 (손가락) 하나 까딱하지 않았다.
⑧ 매일 밤을 새우면서 아버지는 (손바닥)에 못이 박이도록 일을 했다.

9장 – 자연과 색

*같은 소리 다른 한자: 백(白, 百) (p. 087)

문제	흰 백(白)	일백 백(百)
정답	결백, 흑백, 백지, 백두산	백성, 백화점, 백과사전, 수백만

*대립 어휘 찾기 (p. 087)

백색/ 연하다/ 희미하다/ 어둡다/ 바다/ 촌스러운/ 평평하다/
썰물/ 양지/ 얕다

*같은 소리 다른 한자: 성(星, 成) (p. 089)

문제	별 성(星)	이루다 성(成)
정답	위성, 북두칠성, 화성, 목성	성적, 성공, 성장, 완성

*문장 만들기 (p. 089)

1) 바둑은 흑색돌과 백색돌을 사용한다.
2) 사람은 바다가 아닌 육지에서 산다.
3) 불을 켰더니 어두웠던 방이 밝아졌다.

*평가 문제 (p. 091)

문제1. ② 인종은 '황인종, 백인종, 흑인종'으로 구분됩니다.
문제2. ③
문제3. ④ [百 : 일백, 여러 가지 백]
문제4. ② 완성(完成)에서 成은 '이루다'의 뜻이고,
　　　　나머지 낱말들에 쓰인 星은 '별'의 뜻이에요.
문제5. 음지, 희미하게, 가파른

10장 – 시간과 빈도

*같은 소리 다른 한자: 시(時, 市) (p. 095)

문제	때 시(時)	시장 시(市)
정답	시간, 즉시, 잠시, 시계	시장, 시민, 도시, 시청

*대립 어휘 찾기 (p. 095)

주말/ 미래/ 자정/ 주간/ 이후/ 오후/ 휴일/ 내년/ 방학/ 학기 말

*같은 소리 다른 한자: 선(先, 線) (p. 097)

문제	먼저 선(先)	줄 선(線)
정답	선생, 선배, 우선, 선진국	직선, 곡선, 휴전선, 경계선

*문장 만들기 (p. 097)

1) 과거보다 미래가 중요하다.
2) 작년에 1학년이었던 학생은 내년에 3학년이 된다.
3) 3월에는 개학을, 8월에는 방학을 한다.

*평가 문제 (p. 099)

문제1. ① '일요일'은 주말에 속하는 날이고, '월요일, 수요일, 금요일'은
　　　　주중에 속하는 날입니다.
문제2. ③ 그릇에 있던 물을 엎지르면 바닥에 부려지거나
　　　　땅에 스며들어서 다시 주워담을 수 없다는 말입니다.
　　　　① 일에는 항상 실수나 실패가 있을 수 있다는 말입니다.
　　　　② 자기 흉은 알지도 못하고 남의 흉을 볼 때 쓰는 속담입니다.
　　　　④ 어떤 일이나 시작이 중요하다는 말입니다.
문제3. ④ [市 : 시장, 도시 시]
문제4. ① 곡선(曲線)에서 線은 '선, 줄'의 뜻이고,
　　　　나머지 낱말들에 쓰인 先은 '먼저, 앞'의 뜻이에요.
문제5. 야간, 휴일, 이전

*모국어 열쇠 활용 문제 5 (p. 100)

① 날씨가 (시나브로) 추워지고 있으니 곧 겨울이 오겠네.
② 내일 발표를 해야 하니 (기필코) 오늘까지 마무리를 해야 한다.
③ 우리 학교 개교 기념일이 왜 (하필) 3월 1일이야? 원래 노는 날인데.
④ 원어민이 영어로 떠드는데 (도무지) 알아들을 수가 없다.
⑤ (하마터면) 미끄러져서 물에 빠질 뻔했다.
⑥ 고생을 하더니 (마침내) 그 일을 해냈다.
⑦ 유치원생도 아는데 (하물며) 2학년인 네가 이것을 모르면 되겠니?
⑧ (어차피) 늦을 건데 차라리 밤 늦게 출발하자.

11장 – 동물의 세계

*같은 소리 다른 한자: 초(草, 初) (p. 105)

문제	풀 초(草)	처음 초(初)
정답	초식, 초원, 초록색, 잡초	최초, 초등학생, 초급, 기초

*대립 어휘 찾기 (p. 105)

식물/ 수컷/ 동물/ 날짐승. 조류/ 무생물/ 식물원/ 기다/ 가축/ 육식

*같은 소리 다른 한자: 동(動, 東) (p. 107)

문제	움직이다 동(動)	동쪽 동(東)
정답	자동차, 운동, 행동, 동물	동대문, 동풍, 동해, 동양화

*문장 만들기 (p. 107)

1) 암컷과 수컷을 아울러 암수라 한다.

2) 토끼는 초식 동물이고 사자는 육식 동물이다.

3) 그 시험에 난다 긴다 하는 영재들이 다 모였다.

*평가 문제 (p. 109)

문제1. ④ 척추 동물은 크게 '어류, 조류, 양서류, 파충류, 포유류'로
　　　　나눌 수 있습니다.

문제2. ②. ④ 육류를 먹지 않고 채소, 과일, 해초 등을 주로
　　　　먹는 사람을 '채식주의자'라고 해요.

문제3. ④ [東: 동쪽, 동녘 동]

문제4. ① 약초(藥草)에서 草는 '풀'의 뜻이고,
　　　　나머지 낱말들에 쓰인 初는 '처음, 시작'의 뜻이에요.

문제5. 동물, 포유류, 가축

12장 – 음식과 도구

*같은 소리 다른 한자: 육(肉, 陸) (p. 113)

문제	고기 육(肉)	땅 육/륙(陸)
정답	근육, 육체, 정육점, 육식	육지, 육군, 착륙, 육상

*대립 어휘 찾기 (p. 113)

육류/ 젓가락/ 자물쇠/ 도시/ 어업/ 바늘/ 양식/ 싱겁다/ 후각/ 쓰다

*같은 소리 다른 한자: 산(山, 産) (p. 115)

문제	뫼 산(山)	낳다 산(産)
정답	등산, 설악산, 강산, 산신령	재산, 생산, 산업, 농산물

*문장 만들기 (p. 115)

1) 최근에 많은 농촌 사람들이 도시로 이주했다.

2) 육류가 아닌, 야채를 많이 먹어야 한다.

3) 쓰면 뱉고 달면 삼킨다.

*평가 문제 (p. 117)

문제1. ① '감자'는 야채이고 '보리, 쌀, 콩'은 곡류입니다.

문제2. ④

문제3. ② [山 : 뫼 산]

문제4. ② 육지(陸地)에서 陸은 '뭍, 땅'의 뜻이고,
　　　　나머지 낱말들에 쓰인 肉은 '고기, 몸'의 뜻이에요.

문제5. 자물쇠, 어업, 후각

*모국어 열쇠 활용 문제 6 (p. 118)

① 어른이 되어도 (철)이 들지 않는 사람이 있다.
② 교장 선생님이 질문에 아이들이 (주눅)이 들어서 대답을 하지 못했다.
③ 새로 전학 온 친구가 반 아이들과 (스스럼)없이 잘 지낸다.
④ 농부들은 오후에 일하다가 (새참)을 먹는다.
⑤ 지난 수업 시간에 (딴전/딴청)을 피웠더니 오늘 수업을 따라가지 못하겠네.
⑥ 아침에 일어나서 서두르지 않고 (늦장/늑장)을 부리다가 지각을 했다.
⑦ 자기가 그 일을 저질러 놓고 모르는 척 (시치미)를 떼고 있네.
⑧ 어제 사온 빵을 쓰레기통에 버렸다니 (어처구니)가 없었다.

13장 – 학교생활

*같은 소리 다른 한자: 교(校, 敎) (p. 123)

문제	학교 교(校)	가르치다 교(敎)
정답	학교, 교장, 등교, 교문	교과서, 교육, 교사, 교재

*대립 어휘 찾기 (p. 123)

졸업/ 재학생/ 교사/ 교감/ 결석/ 참고서/ 배움/ 하교/ 대답/ 복도

*같은 소리 다른 한자: 등(登, 等) (p. 125)

문제	오르다 등(登)	등급 등(等)
정답	등장, 등록, 등교, 등산	등급, 초등학교, 평등, 열등감

*문장 만들기 (p. 125)

1) 가르치는 사람이 교사 즉 선생님이고, 배우는 사람이 학생이다.

2) 선생님이 결석한 학생을 확인하려고 매일 출석을 부른다.

3) 질문을 하면, 대답을 해야 한다.

*평가 문제 (p. 127)

문제1. ④ '신입생, 재학생, 졸업생' 모두 학생입니다.

문제2. ③

문제3. ① [登 : 오르다 등]

문제4. ② 교육(敎育)에서 敎는 '가르치다'의 뜻이고,
나머지 낱말들에 쓰인 校는 '학교'의 뜻이에요.

문제5. 졸업, 재학생, 복도

14장 – 계절과 날씨

*같은 소리 다른 한자: 우(雨, 友) (p. 131)

문제	비 우(雨)	벗 우(友)
정답	우박, 우비, 폭풍우, 우산	우정, 교우, 급우, 우애

*대립 어휘 찾기 (p. 131)

강추위/ 한겨울/ 번개/ 늦가을/ 습한/ 지진/ 쌀쌀한/ 폭우/ 장마/ 폭염

*같은 소리 다른 한자: 해(海, 解) (p. 133)

문제	바다 해(海)	풀다 해(解)
정답	남해, 해외, 해군, 해녀	이해, 해결, 해방, 해답

*문장 만들기 (p. 133)

1) 가뭄과 장마는 농작물에 해가 된다.

2) 한여름에는 무더위가, 한겨울에는 강추위가 찾아온다.

3) 밤새 천둥과 번개가 몰아치더니 아침에는 날이 맑게 겠다.

*평가 문제 (p. 135)

문제1. ②

문제2. ④ '한기'는 추운 기운을 뜻해요.

문제3. ① [雨 : 비 우]

문제4. ④ 해답(解答)에서 解는 '풀다, 깨닫다'의 뜻이고,
나머지 낱말들에 쓰인 海는 '바다'의 뜻이에요.

문제5. 번개, 폭염, 지진

*모국어 열쇠 활용 문제 7 (p. 136)

1) 오늘은 학교에서 점심을 먹었다.

2) 추운 날에는 두꺼운 옷을 입어야 한다.

3) 차가 오지 않아서 할 수 없이 걸어서 집에 갔다.

4) 점심 대신 사과 한 개와 바나나 두 개를 먹었다.

5) 서울에서 태백초등학교로 강미나 학생이 전학을 왔다.

15장 – 환경과 자연 보호

*같은 소리 다른 한자: 도(道, 圖) (p. 141)

문제	길 도(道)	그림 도(圖)
정답	도로, 인도, 철도, 차도	도형, 도서관, 지도, 도화지

*대립 어휘 찾기 (p. 141)

난방/ 차도/ 양지/ 화력/ 자연/ 인재/ 유전/ 정화/ 실내/ 폐기물

*같은 소리 다른 한자: 천(川, 天) (p. 143)

문제	내 천(川)	하늘 천(天)
정답	하천, 산천, 인천, 청계천	천사, 천국, 천하, 개천절

*문장 만들기 (p. 143)

1) 사람은 인도로 자동차는 차도로 다녀야 한다.

2) 야외에서 놀고 실내에서 잤다.

3) 유전과 환경이 사람의 성장에 영향을 준다.

*평가 문제 (p. 145)

문제1. ① '수력, 풍력, 화력, 원자력' 등은 에너지를 만드는 동력의 근원입니다.

문제2. ② 생활하면서 쓰고 버린 물건을 다시 사용하면 재활용품이 되고,
다시 쓸 수 없는 물건은 폐기물이 됩니다.

문제3. ② [天 : 하늘 천]

문제4. ③ 지도(地圖)에서 圖는 '그림'의 뜻이고,
나머지 낱말들에 쓰인 道는 '길'의 뜻이에요.

문제5. 냉방, 인공, 환경

16장 – 사회생활

*같은 소리 다른 한자: 동(同, 童) (p. 149)

문제	한가지 동(同)	아이 동(童)
정답	공동, 동참, 동료, 동의	아동, 동화, 동요, 신동

*대립 어휘 찾기 (p. 149)

칭찬/ 의무/ 불효/ 게으른/ 혼란/ 무례/ 무질서/ 불명예/
정정당당한/ 부도덕

*같은 소리 다른 한자: 제(題, 祭) (p. 151)

문제	제목 제(題)	제사 제(祭)
정답	제목, 문제, 주제, 과제물	제사, 축제, 제물, 영화제

*문장 만들기 (p. 151)

1) 질서를 잘 지켜야 혼란이 생기지 않는다.
2) 어려서 불효를 한 사람이 나중에 효자가 되기도 한다.
3) 무례한 사람은 예의를 지키지 않는다.

*평가 문제 (p. 153)

문제1. ② '희로애락(기쁨, 노여움, 슬픔, 즐거움)'은
　　　　사람의 대표적인 감정이에요.

문제2. ②

문제3. ④ [題 : 제목 제]

문제4. ① 동의(同意)에서 同은 '한가지, 같다'의 뜻이고,
　　　　나머지 낱말들에 쓰인 童은 '아이'의 뜻이에요.

문제5. 불효, 무례한, 게으른

*모국어 열쇠 활용 문제 8 (p. 154)

10시 10분	열 시 십 분	7월 6일	칠월 육 일
10월 6일	시월 육 일	6월 10일	유월 십 일
학생 40명	학생 사십 명	2일 동안	이 일 동안
사람 6-7명	사람 예닐곱 명	돈 300원	돈 삼백 원
나이 32살	나이 서른두 살	50일 여행	오십일 여행
15시 10분	세 시 십 분	꽃 2-3송이	꽃 두세 송이
강아지 2-4마리	강아지 두서너 마리	사과 4-5개	사과 네댓 개
커피 3-4잔	커피 서너 잔	양말 4-5켤레	양말 네다섯 켤레
135번	백삼십오 번	88만 원	팔십팔만 원
1년 6개월	일 년 육 개월	5달 동안	다섯 달 동안

17장 – 공동체

*같은 소리 다른 한자: 실(室, 實) (p. 159)

문제	집 실(室)	열매 실(實)
정답	교실, 화장실, 오락실, 거실	실제, 실천, 현실, 진실

*대립 어휘 찾기 (p. 159)

비밀/ 탈퇴/ 사회/ 소수/ 비공식/ 무료/ 다름/ 무관심/ 차별/ 무명

*같은 소리 다른 한자: 명(明, 名) (p. 161)

문제	밝다 명(明)	이름 명(名)
정답	설명, 투명, 분명, 명랑	명예, 유명, 명절, 성명

*문장 만들기 (p. 161)

1) 내 동생은 운동애만 관심이 있고 공부에는 무관심하다.
2) 다수의 사람들이 소수의 의견을 무시했다.
3) 나는 유명한 가수가 되고 싶지, 무명가수가 되고 싶지 않다.

*평가 문제 (p. 163)

문제1. ④ '균등, 대등, 동등'은 평등의 유의어입니다.

문제2. ②. ① 쉬운 일도 힘을 합하면 훨씬 쉬워진다는 속담이에요.
　　　　③ 다른 사람 이야기를 하는데 공교롭게도 그 사람이 나타날 때
　　　　쓰는 속담이에요. ④ 아주 무식함을 비유적으로 이르는 속담이에요.

문제3. ① [名 : 이름 명]

문제4. ③ 진실(眞實)에서 實은 '열매, 실제'의 뜻이고,
　　　　나머지 낱말들에 쓰인 室은 '집, 방'의 뜻이에요.

문제5. 공개, 무료, 무명

18장 – 수학

*같은 소리 다른 한자: 반(半, 反) (p. 167)

문제	반 반(半)	되돌리다 반(反)
정답	한반도, 후반, 과반수, 반원	반대, 반복, 반응, 반성

*대립 어휘 찾기 (p. 167)

짝수/ 차/ 직선/ 분침/ 원/ 수평선/ 반지름/ 사각형/ 세로/ 점

*같은 소리 다른 한자: 소(小, 少) (p. 169)

문제	작다 소(小)	적다 소(少)
정답	축소, 소규모, 소형, 소인	감소, 소년, 다소, 소녀

*문장 만들기 (p. 169)

1) 1, 3, 5는 홀수, 2, 4, 6은 짝수이다.

2) 곡선은 휘어 있고, 직선은 한 줄로 쭉 뻗어있다.

3) 점을 여러 개 찍으면, 선이 된다.

*평가 문제 (p. 171)

문제1. ③ '농구, 배구, 핸드볼'은 공을 가지고 하는 구기 종목이며,
'복싱'은 둘이서 싸우는 투기 종목입니다.

문제2. ②

문제3. ③ [反 : 되돌리다, 돌이키다 반]

문제4. ③ 청소년(靑少年)에서 少는 '적다, 젊다'의 뜻이고,
나머지 낱말들에 쓰인 小는 '작다'의 뜻이에요.

문제5. 차, 분침, 삼각형

*모국어 열쇠 활용 문제 9 (p. 172)

기본형	새로운 말	기본형	새로운 말
먹다	먹기, 먹이, 먹음	보다	보기, 봄
맺다	맺기, 맺음	얼다	얼기, 얾, 어름
말하다	말하기, 말함	높다	높기, 높이, 높음
던지다	던지기, 던짐	넓다	넓기, 넓음
읽다	읽기, 읽음	울다	울기, 욺, 울음
자다	자기, 잠	듣다	듣기, 들음

19장 – 감정과 성격

*같은 소리 다른 한자: 감(感, 監) (p. 177)

문제	느끼다 감(感)	보다 감(監)
정답	감동, 감사, 감정, 독감	감독, 교감, 감옥, 감시

*대립 어휘 찾기 (p. 177)

불쾌한/ 쾌락/ 절망/ 우울하다/ 대담하다/ 독하다/ 수동적/
온순한/ 비겁한/ 소극적

*같은 소리 다른 한자: 악(樂, 惡) (p. 179)

문제	노래 악(樂)	악하다 악(惡)
정답	음악, 악기, 관현악, 국악	악마, 선악, 악용하다, 악몽

*문장 만들기 (p. 179)

1) 절망하기에는 아직 희망이 있다.

2) 나는 비겁하지 않은, 용감한 어른이 되고 싶다.

3) 쌍둥이여도 언니는 성격이 독하고 동생은 순하다.

*평가 문제 (p. 181)

문제1. ② '비관'은 인생을 슬프게 보거나 어둡고 우울하게 생각하는 것입니다.

문제2. ④. ① 볼품이 없거나 위신이 없어 보임을 비유적으로 이르는
속담이에요.

② '상대에게 기세가 꺾여 물러서다'는 뜻의 관용구예요.

③ '계속 이어지다'는 뜻의 관용구예요

문제3. ② [感 : 느끼다 감]

문제4. ③ 악마(惡魔)에서 惡은 '악하다, 미워하다'의 뜻이고,
나머지 낱말들에 쓰인 樂은 '음악, 악기'의 뜻이에요.

문제5. 유쾌, 독한, 적극적

20장 – 건강과 삶

*같은 소리 다른 한자: 만(萬, 滿) (p. 185)

문제	일만 만(萬)	차다 만(滿)
정답	수백만, 만세, 반만년, 만물박사	만족, 비만, 만점, 만발

*대립 어휘 찾기 (p. 185)

쇠약한/ 금주/ 금연/ 내과/ 무덤/ 처방/ 간호사/ 날씬한/ 청각/ 죽음

*같은 소리 다른 한자: 안(安, 眼) (p. 187)

문제	편안 안(安)	눈 안(眼)
정답	편안, 안전, 안심, 안녕	안경, 안과, 안약, 안대

*문장 만들기 (p. 187)

1) 음주를 하는 아빠가 언제 금주를 할까?

2) 시각과 청각 모두 굉장히 중요하다.

3) 삶과 죽음은 우리가 정할 수 없다.

*평가 문제 (p. 189)

문제1. ② '눈'은 안과에서 치료합니다.

문제2. ④

문제3. ③ [滿 : 차다, 가득하다 만]

문제4. ① 안경(眼鏡)에서 眼는 '눈'의 뜻이고,
　　　　나머지 낱말들에 쓰인 安은 '편안하다'의 뜻이에요.

문제5. 내과, 진찰, 삶

*모국어 열쇠 활용 문제 10 (p. 190)

	단위명사		단위명사
소 한	마리	운동화 두	켤레
장미 세	송이	동화책 세	권
연필 일곱	자루	우유 다섯	병
포도 열	송이	새 옷 세	벌
소나무 세	그루	아파트 두	채
자동차 열	대	배추 열	포기
수박 세	통	장갑 두	켤레
두부 여섯	모	호랑이 세	마리
사람 네	명	돛단배 여섯	척

21장 – 비교와 대조

*같은 소리 다른 한자: 대(大, 對) (p. 195)

문제	크다 대(大)	마주하다 대(對)
정답	대다수, 대기업, 대규모, 대용량	대화, 대상, 대응, 반대

*대립 어휘 찾기 (p. 195)

버금/ 반대/ 불필요/ 불가능/ 내용/ 불일치/ 소재/ 충족/ 그르다

*같은 소리 다른 한자: 지(地, 知) (p. 197)

문제	땅 지(地)	알다 지(知)
정답	지도, 지방, 지구, 토지	지능, 지식, 지혜, 무지

*문장 만들기 (p. 197)

1) 쌍둥이여도 공통점만 있는 것이 아니라, 차이점도 있다.

2) 학교에서는 실내화가 필요하지만, 집에서는 불필요하다.

3) 같은 것은 일치, 다른 것은 불일치다.

*평가 문제 (p. 199)

문제1. ③ 토끼와 거북이는 머리, 꼬리, 네 발 등을 가진 척추 동물이라는 점은
　　　　공통점이에요. 번식 방법에서는 차이가 있는데, 토끼는 새끼를 낳고
　　　　거북이는 알을 낳습니다

문제2. ② 작품에서 지은이가 사람들에게 알려 주고자 하는 생각이
　　　　주제입니다.

문제3. ③ [對 : 대하다, 마주하다 대]

문제4. ① 지능(知能)에서 知는 '알다'의 뜻이고,
　　　　나머지 낱말들에 쓰인 地는 '땅'의 뜻이에요.

문제5. 반대, 불가능, 충족

22장 – 긍정과 부정

*같은 소리 다른 한자: 미(美 未) (p. 203)

문제	아름답다 미(美)	아니다 미(未)
정답	미술, 미인, 미용실, 여성미	미래, 미만, 미성년자, 미완성

*대립 어휘 찾기 (p. 203)

불행/ 부정/ 단점/ 거절/ 해롭다/ 불합격/ 지옥/ 거짓/ 무능력/ 불편한

*같은 소리 다른 한자: 정(正, 情) (p. 205)

문제	바르다 정(正)	뜻 정(情)
정답	정직한, 정정당당, 공정한, 정의로운	감정, 정보, 우정, 열정

*문장 만들기 (p. 205)

1) 나는 불행하지 않고, 너무 행복하다.

2) 모든 사람은 장점도 있지만, 단점도 있다.

3) 나는 무능력한 사람이 아니라 능력 있는 사람이 되고 싶다.

*평가 문제 (p. 207)

문제1. ① 용언(동사, 형용사)은 기본형으로 찾아야 합니다.
　　　　(잃다, 뛰어나다, 좋다)

문제2. ④

문제3. ① [正 : 바르다 정]

문제4. ① 미만(未滿)에서 未는 '아니다, 아직'의 뜻이고,
　　　　나머지 낱말들에 쓰인 美는 '아름답다'의 뜻이에요.

문제5. 긍정, 이로운, 참

*모국어 열쇠 활용 문제 11 (p. 208)

잘못 쓴 예	올바른 글말	잘못 쓴 예	올바른 글말
오느른	오늘은	조타	좋다
내이른	내일은	목거리	목걸이
주거따	죽었다	대부부네	대부분에
사라따	살았다	일꼬	읽고
하꾜에	학교에	지베서	집에서

23장 – 경제생활

*같은 소리 다른 한자: 인(人, 引) (p. 213)

문제	사람 인(人)	끌다 인(引)
정답	인간, 노인, 인구, 개인	견인차, 할인, 인도하다, 인솔

*대립 어휘 찾기 (p. 213)

부족/ 퇴근/ 휴식/ 손해/ 풍요/ 지출/ 수출/ 동전/ 소비/ 낭비

*같은 소리 다른 한자: 직(職, 直) (p. 215)

문제	직업 직(職)	곧다 직(直)
정답	직원, 직업 교육, 취직, 퇴직	직접, 직선, 솔직한, 정직한

*문장 만들기 (p. 215)

1) 열심히 노동을 하기 위해서, 적당한 휴식도 필요하다.
2) 돈은 절약해서 써야지, 낭비하면 안 된다.
3) 아빠는 매일 아침 출근을 하고, 매일 저녁 퇴근을 한다.

*평가 문제 (p. 217)

문제1. ② 예금과 저금은 유의어입니다.
문제2. ④
문제3. ① [人 : 사람 인]
문제4. ③ 직업(職業)에서 職은 '직분'의 뜻이고,
　　　　　나머지 낱말들에 쓰인 直은 '곧다'의 뜻이에요.
문제5. 출근/ 지출/ 수입

24장 – 언어와 예술

*같은 소리 다른 한자: 독(讀, 毒) (p. 221)

문제	읽다 독(讀)	독 독(毒)
정답	낭독, 독후감, 독서, 독자	독약, 독감, 소독, 독사

*대립 어휘 찾기 (p. 221)

모음/ 다독/ 글자/ 방언/ 격언/ 독백/ 작곡/ 독창/ 음정/ 외국어

*같은 소리 다른 한자: 방(方, 放) (p. 223)

문제	방향 방(方)	놓다 방(放)
정답	방향, 사방, 방법, 전방	방학, 방송, 해방, 방과후

*문장 만들기 (p. 223)

1) 한글에는 자음과 모음이 있다.
2) 서울에서는 표준어를, 시골에서는 방언을 사용한다.
3) 한국 사람에게는 한국어가 모국어, 영어가 외국어이다.

*평가 문제 (p. 225)

문제1. ① 책, 신문, 잡지 따위를 사서 읽는 것이 '구독'이에요.
문제2. ②
문제3. ④ [讀 : 읽다 독]
문제4. ② 방학(放學)에서 放은 '놓다, 내놓다'의 뜻이고,
　　　　　나머지 낱말들에 쓰인 方은 '방향, 방법'의 뜻이에요.
문제5. 글자/ 독백/ 모국어

*모국어 열쇠 활용 문제 12 (p. 226)

밥꼬	밟고	밥따	밟다
넙쭈카다	넓죽하다	막따	맑다
닥꽈	닭과	늑찌	늙지
말께	맑게	읍꼬	읊고
달글	닭을	널비	넓이
할따	핥다	갑쓸	값을
업써	없어	짤따	짧다
짤꼬	짧고	일타	잃다

모공열 특장점

대립 개념을 통한 초등 모국어 학습, 모국어가 공부의 열쇠다

모공열 메인 화면

모공열 학습 맵

모공열 학습 화면

모공열 학습 화면

초등 필요 어휘 모두 포함
- 대립 개념에 기초한 모국어 학습
- 초등 교과서 2만3천여 어휘를 분석한 어휘 선별

한자 대신 한자어 학습
- 한자가 아니라 한자어 학습
- 효율적인 어휘력 향상

수준에 맞는 학습 콘텐츠 선택
- 기초, 1단계, 2단계 수준별 학습이 가능하도록 제품 구성

언제 어디서나 모든 정보통신기기 이용 가능
- PC와 모바일을 통하여 언제 어디서나 자기주도학습 가능

통합 교과형 지문으로 창의적 사고력 배양
- 234개의 다양한 통합 주제 읽을거리 탑재

다양한 활동을 통한 재미있는 학습
- 대립 표현 익히기, 동음이의어 고르기, 같은 범주 어휘 찾기 등

교사의 학생들 학습 성과 관리 편의성 제고
- 학교 전체, 학급별, 학생별 학습 현황 관리 시스템(LMS) 구현

모공열 콘텐츠 구성

학년/학습 수준/단계별 교재 구성으로
자기주도적 학습 유도

기초

1단계

2단계

모공열 시스템 활용 구조도
학생, 교사, 학부모, 학교장 간의 상호 활용이 가능한 학습 솔루션

학습과 평가
- PC와 모바일로 언제 어디서나 학습
- 수준에 맞는 학습
- 매 차시별 평가
- 자기 학습 기록 및 칭찬 별점 확인

 재학생 모국어 학습 관리
- 학생 학습 현황 통합 데이터 조회 및 열람
- 재학생 모국어 능력 파악 및 전교생 학습 권장

학생 · 선생님 · 학부모 · 학교장 · 모공열

관리와 통계
- 관리자 페이지를 통한 모든 학생 데이터 관리
- 게시판 관리
- 학생별 학습 시간 및 평가 결과 확인
- 학습 우수자 칭찬과 미학습자 사용 독려

자녀 학습 파악과 토론
- 자녀 학습 현황 파악
- 자녀와 함께 토론
- 내용 중심 대화

 모공열 도입 기대효과
창의적 인재 양성과 한 사람의 낙오자도 없는 교육!

모공열 도입 기대 효과
- 모국어 어휘력 획기적 향상
- 학습의 선순환 구조 실현
- 자기주도학습 능력 배양
- 한 사람의 낙오자도 만들지 않는 교육
- 최저 학력 미달 학생 최소화
- 다문화 가정 자녀 학습 격차 해소
- 토론과 대화 문화 정착

글로벌 경쟁력
"가장 한국적인 것이 가장 세계적인 것이다."